福祉の基本体系シリーズ ―― 10

社会福祉の形成と展開

井村圭壯　今井慶宗 [編著]

勁草書房

　　　　　　　は　し　が　き

　社会福祉を取り巻く環境は大きく変化している．戦後，措置制度を基本とする制度設計によって運営されてきた社会福祉は，社会福祉基礎構造改革を経て，契約・自立支援・利用者中心等のキーワードで代表される仕組みに大転換を遂げた．近年でも，「障害者総合支援法」の施行や「児童福祉法」の大改正など各分野で大きな変革が続いている．このような背景として，少子高齢化のほか，社会がある程度豊かになった一方，経済成長が今後難しい局面にあることなどがあると考えられる．特に，戦後において築いてきた社会福祉の体系を構築しつつ，実情に合わせて調整を続けなければならない．このことは歴史的・形成的事象といえる．

　個別の領域とともに，社会福祉の基礎となる制度の改革も続いている．たとえば，2016（平成 28）年 3 月に成立した「社会福祉法等の一部を改正する法律」について厚生労働省は改正理由の説明として「福祉サービスの供給体制の整備及び充実を図るため，社会福祉法人制度について経営組織のガバナンスの強化，事業運営の透明性の向上等の改革を進めるとともに，介護人材の確保を推進するための措置，社会福祉施設職員等退職手当共済制度の見直しの措置を講ずる」としている．福祉・介護人材の確保はこれまでも行われてきたが，従来は大きく踏み込まれることの少なかった社会福祉法人の経営のあり方にまで改革が及んでいる．現在，厚生労働省は「地域共生社会」の実現に向けた改革を掲げている．同省の施策において「ニッポン一億総活躍プラン」（2016（平成 28）年 6 月 2 日閣議決定）・「『地域共生社会』の実現に向けて（当面の改革工程）」（2017（平成 29）年 2 月 7 日厚生労働省「我が事・丸ごと」地域共生社会実現本部決定）に基づきその具体化に向けた改革を進めるとしている．

はしがき

　社会福祉の分析において制度面を詳しく研究すること，それを現場で実践していくための技術を向上させていくことは車の両輪である．社会福祉の現場では，利用者を取り巻く課題の緩和・解決に総合的に取り組んでいかなければならない．保育士・介護福祉士・社会福祉士・看護師など社会福祉にかかわる専門職は，社会の現状をよく学びそれを実践面にどのように活用していくかを考えなければならない．両面が揃って利用者の幸福を実現することとなる．

　本書は，標準的な文献として必要とされる水準を維持しつつ，大学等の専門職養成をはじめとする諸学科の初学者にとってわかりやすい記述に努めている．あわせて社会福祉を多面的な観点から学び始めたいという一般市民の需要に応えることも十分可能であると考える．本書は，社会福祉の現状や歴史，社会福祉に共通する制度・技術や活動とともに児童・高齢者・障がい者をはじめとする各領域の福祉について解説している．たとえば，専門職養成における社会福祉の基本書として用いることもできるし，他の学科において社会福祉の応用書として活用することもできる．読者が社会福祉の全体像や内容相互の関係性，さらには関連する社会制度をつかみやすいように配慮した．社会福祉の分野においても次々と新しい制度・政策が打ち出され，統計情報も更新されているので，それらもできるだけ取り入れた．このように内容をできるだけ新しいものとした．現在の社会福祉の課題や政策動向に関心を有する一般の方々にも，社会福祉のあり方を考えていただくための素材を示すことができると確信する．ぜひ多くの方に読んでいただきたい．

　本書の執筆，編集にあたっては，各執筆者の方々，そして勁草書房編集部の関戸詳子氏には大変お世話になった．紙面を借りて感謝申し上げる．

2019 年 1 月 1 日

編　著　者

目　次

はしがき　i

第1章　現代社会と福祉 …………………………………………… 1
第1節　現代の生活と社会福祉 ……………………………………… 1
1. 現代社会における生活問題の特徴／2. 新しい生活問題から新しい政策がつくられる
第2節　社会福祉の理念と概念 ……………………………………… 3
1. 社会福祉の理念／2. 社会福祉の概念
第3節　社会福祉の展開 ……………………………………………… 5
1. 他職種や専門家との連携／2. 協働——支援の連携をチームで行う保健・福祉・医療の連携

第2章　社会福祉の歴史的形成 ……………………………… 11
第1節　世界の社会福祉の歴史的形成 …………………………… 11
1. 戦前の欧米の社会福祉の歴史的形成／2. 戦後の欧米の社会福祉の形成過程
第2節　日本の社会福祉の歴史的形成 …………………………… 18
1. 戦前の日本の社会福祉／2. 戦後の日本の社会福祉

第3章　社会福祉の法律 ……………………………………… 25
第1節　社会福祉法 ………………………………………………… 25
第2節　福祉六法 …………………………………………………… 26

1. 児童福祉法／2. 身体障害者福祉法／3. 生活保護法／4. 知的障害者福祉法／5. 老人福祉法／6. 母子及び父子並びに寡婦福祉法
　第3節　関連した法律 …………………………………………… 29
　　　1. 障害者基本法／2. 精神保健及び精神障害者福祉に関する法律／3. 地域保健法／4. 民生委員法／5. 介護保険法／6. 障害者の日常生活及び社会生活を総合的に支援するための法律／7. 子ども・子育て支援法

第4章　社会福祉の制度と実施体系 ……………………………… 35
　第1節　社会福祉の行財政 ……………………………………… 35
　　　1. 国の行政機関／2. 地方公共団体／3. 審議会／4. 外郭団体／5. 社会福祉の財政
　第2節　社会福祉の機関 ………………………………………… 40
　　　1. 福祉事務所／2. 身体障害者更生相談所・知的障害者更生相談所／3. 児童相談所／4. 保健所／5. 婦人相談所
　第3節　社会福祉の施設 ………………………………………… 43
　　　1. 各種の社会福祉施設／2. 社会福祉施設の設備・人員等／3. 近年の施設制度の改正の動向

第5章　社会福祉の民間活動 ……………………………………… 49
　第1節　社会福祉の民間活動とは ……………………………… 49
　第2節　社会福祉の民間活動の内容 …………………………… 50
　　　1. ボランティア活動／2. NPO活動／3. 民生委員・児童委員／4. 保護司／5. 社会福祉協議会
　第3節　社会福祉の民間活動の課題 …………………………… 55

目次

第6章　社会福祉従事者 …… 57
第1節　社会福祉従事者の現状と資格制度 …… 57
1. 社会福祉従事者の現状／2. 社会福祉従事者の資格制度
第2節　社会福祉従事者の専門性と倫理 …… 60
1. 社会福祉従事者の専門性／2. 社会福祉従事者の倫理
第3節　保健・医療関係分野の専門職との連携 …… 64

第7章　社会福祉における相談援助 …… 67
第1節　相談援助の意義と原則 …… 67
1. 相談援助の意義／2. 相談援助の原則
第2節　相談援助の方法と技術 …… 69
1. 社会福祉における相談援助の対象／2. 相談援助の展開過程／3. 社会福祉における相談援助で用いられるさまざまな技術

第8章　社会福祉における利用者の保護にかかわる仕組み …… 75
第1節　情報提供と第三者評価 …… 75
1. 情報提供／2. 第三者評価
第2節　利用者の権利擁護と苦情解決 …… 78
1. 権利擁護／2. 苦情解決

第9章　子ども家庭福祉 …… 83
第1節　子ども家庭福祉とは …… 83
第2節　子ども家庭福祉の内容 …… 84
1. 子どもの権利擁護／2. 子どもを取り巻く現状と課題／3. 子育て家庭の現状と課題
第3節　子ども家庭福祉の課題 …… 90

第10章　高齢者保健福祉 …………………………………… 93
第1節　高齢者保健福祉とは ……………………………………… 93
第2節　高齢者保健福祉の内容 …………………………………… 94
　　1．高齢者福祉対策の概要／2．保健事業／3．社会保障の概念／
　　4．医療保険／5．公費負担医療／6．介護保険制度
第3節　高齢者保健福祉の課題 …………………………………… 100

第11章　障がい者福祉 ……………………………………… 103
第1節　障がい者福祉とは ………………………………………… 103
　　1．障がい福祉の概念と対象／2．障がいについて
第2節　障がい者福祉の内容 ……………………………………… 104
　　1．障がい者福祉と障害者総合支援法／2．障害者総合支援法の概要／
　　3．障害福祉サービスの概要／4．障害福祉サービスの利用／
　　5．障害福祉サービスの費用と負担／6．「障害者基本法」と障がい者
　　福祉／7．障がい種別ごとの対応と法律
第3節　障がい者福祉の課題 ……………………………………… 110

第12章　生活保護 …………………………………………… 113
第1節　生活保護の仕組み ………………………………………… 113
　　1．生活保護の原理／2．生活保護の原則／3．生活保護の種類
第2節　生活保護の費用 …………………………………………… 118
第3節　生活保護の実施 …………………………………………… 119
　　1．被保護者の権利と義務／2．不服申立て／3．費用の返還と徴収
第4節　生活保護の実施過程 ……………………………………… 120
第5節　貧困・低所得者対策の見直し …………………………… 121

第13章　地域福祉 ……………………………………… 123
第1節　地域福祉とは ………………………………… 123
1. 地域福祉の定義／2. 産業構造の変化と地域福祉
第2節　地域福祉の内容 ……………………………… 125
1. 社会福祉法と地域福祉／2. 地域福祉計画／3. 民生委員・児童委員／4. 社会福祉協議会／5. NPO法人とボランティア
第3節　地域福祉の課題 ……………………………… 129

第14章　医療福祉 ……………………………………… 131
第1節　医療福祉とは ………………………………… 131
第2節　医療福祉の内容 ……………………………… 132
1. 医療福祉の歴史／2. 医療ソーシャルワーク
第3節　医療福祉の課題 ……………………………… 135

第15章　社会福祉の今後の展望 ……………………… 137
第1節　社会福祉の現状 ……………………………… 137
1. 社会福祉の対象の変化／2. 社会福祉の内容の変化
第2節　社会福祉の課題 ……………………………… 138
1. 少子化の進展に起因する社会福祉の課題／2. 地域社会の衰退による社会福祉が抱える課題
第3節　社会福祉の今後 ……………………………… 139
1. 未婚化の進行による人口減少の深化／2. 人口減少を前提とした社会福祉の制度設計へ

第1章 現代社会と福祉

第1節 現代の生活と社会福祉

1. 現代社会における生活問題の特徴

　現代の生活問題の大きな特徴は，家族の規模が縮小し，これまで家族が担っていた機能を果たせなくなることによって現れるものである．従来，家族の中で行われていた育児や病人の看護，老親の介護といった家族間ケアの困難である．平均寿命が延びたことから近年の介護は長期化しており，合計特殊出生率の低迷が続く中での高齢化率の高まり（少子高齢化）は，今後の要介護者の増加とともに介護の担い手の不足を示している．

　また，近年増加し続けているひとり親家庭や高齢者の単身世帯の中では，貧困の問題が拡大している．貧困の問題は限られた家族形態の世帯だけに現れるものではない．たとえば，消費者金融からの多額の借金やカード破産，多重債務といったように，生活問題が「累積債務問題」として多くの人々に現れている[1]．

　これまでの社会福祉や公的扶助（生活保護）の制度的対応（サービス給付）では，インカム・テスト（所得調査）やミーンズ・テスト（資力調査）によって所得や資産について厳しい把握がなされている反面，生活費を不足させる負の所得（マイナスの資産）としての借金については，十分な配慮がされてこなかった．そのために，債務を抱える人が生活困窮に陥っても，制度の利用や給付の対象から外れる場合もある．

　社会保険は，保険料の支払いと給付というシステムから成り立つので，何

らかの事情で保険料の支払いが滞っている場合，保険給付を受けることができない．しかし，減免制度も整備されつつあり，それら課題も一定程度緩和されている．

　制度を必要とする者がその対象から外れてしまうことでは，非正規雇用や不安定就労の問題としてのワーキングプアにも当てはまる．正規雇用でないために収入が安定しないことから，社会保険に加入しても保険料を納められず，無年金者になってしまうリスクが高いのだ．また，外国人労働者らが形成する不安定居住の問題，ホームレス問題なども，従来の制度が十分にカバーしきれていない分野の1つである．

2. 新しい生活問題から新しい政策がつくられる

　そこで，従来の制度では対応できない生活問題や政策的な要望があるときには，それらに対応する新しい制度がつくられる．同時にそれは，多様な生活問題のある部分を政策判断に基づき「政策対象」として切り取り，社会的解決の優先順位をつけた結果でもある．その過程には，政策主体の価値や利害による方向づけが介在していることへの注意を忘れてはいけない．

　社会福祉制度は，社会福祉に関する各種の法律に基づいたものであるがゆえ，法律で規定されない部分には対処できない．また，そのときの政府の方策や方針によって，制度設計や運用に解釈上の違いや課題も出てくる．そのことを高齢者の介護を例にとってみてみよう．

　高齢者の介護は，介護を受ける高齢者や介護を行う家族にとって，自分の生き方に合わせて自由に選択できる制度が整っていることが前提である．その選択の幅を十分に確保するためには，在宅介護における24時間サービスの提供が必須であった．ところが，日本の介護保険制度は，在宅での24時間サービスを念頭に置かずに制度設計された．

　それは，当時の社会問題となっていた高齢者の社会的入院の解決を急いだためであった．社会的入院とは，病院以外での療養が可能でありながら病院にとどまることをいう．病院にとどまるのは，家庭に介護の担い手がいない

ことや病院以外に施設がみつからないことからである．不十分な介護保障を要因とする高齢者の長期入院が，高齢者医療費を押し上げていたことが，社会的に問題視されていたのであった．

　先進諸国の中でも3世代同居率の高かった日本は，施設ケアの拡充や介護を担う人材の育成と職業としての確立に力を注ぐよりも，介護の担い手を家族に期待したのであった（日本型福祉社会論）．

　当時は老親扶養が子どもの義務であり，嫁が夫の両親の介護をすることは当然とされていたとはいえ，日本の人口高齢化のスピードは先進諸国の中で最も早く，少子化による家族規模の縮小も人口学的に予測されていたことであった．

第2節　社会福祉の理念と概念

1. 社会福祉の理念

　福祉（welfare）とは，「しあわせ」や「ゆたかさ」を意味する言葉である．社会福祉（social welfare）は，生活において何らかの支援や介護・介助を必要とする人，経済的困窮者・ホームレスなどに対し，生活の質を維持・向上させるためのサービスを社会的に提供すること，あるいはそのための制度や設備を整備することを指す．具体的には，未成年者，高齢者，障がい者やひとり親家庭（父子家庭，母子家庭）などのように，社会的ハンディキャップがあると考えられる国民に対して公的な支援を行う制度を指し，「児童福祉法」，「身体障害者福祉法」などで規定される公共政策の一部である．

　「個人が自立して，独自に幸福追求を行う社会」というのが近代社会の成立や人権思想の確立とともに打ち出されてきた個人主義の概念の中にある．ある人にとって何が幸福かということは本人がいちばんよく知っているから，幸福の追求については個人個人の判断にゆだねておくのがよい．したがって，第三者が個人の幸福追求に干渉するのは好ましくないし，たとえ政府であっ

ても個人の幸福の問題に介入するのは論外である．こうした考え方が近代社会の成立から今日の社会の大原則となっている．一見すると現代社会において，われわれの生活に社会福祉が関与してくることは，あまり多くないように思える．

ふだんの生活にも社会福祉は密接にかかわっている．社会福祉を幅広く考えるなら電気，ガス，上下水道といったライフラインもそうである．それは，産業化と都市化とによって複雑化した現代社会においては，公共的な生活環境の整備がなければ日常生活自体が成り立たないからである．こうしたインフラストラクチャーを整備する公共政策も，「広義の社会福祉」と捉えることができる．

個人の幸福追求に関連するものすべてが公共政策によってまかなわれるわけではない．実際には，社会的にみすごせない状態にあるときに社会福祉制度として実施されるものである．たとえば，社会福祉制度が必要となるときというのは，現代社会における生活困窮の場面に遭遇したときである．具体的に失業，傷病，老齢といった事態が思い浮かべられる．そうした場面における解決のための施策は，対象を絞って行われる「狭義の社会福祉」といえる．

2. 社会福祉の概念

社会福祉（social welfare）の概念を理解するために，目的と実体との2つの側面からみていこう．社会福祉の目的は，ウェルビーイング（人々がよりよく生きること）や幸福の追求を実現することであり，その方途を示すのが「社会福祉法」である．これらの目的を果たすため，社会福祉の実体はいくつもの制度によって形づくられている．

たとえば，ウェルビーイングを妨げ，幸福の追求を困難にする生活の問題は，貧困や病気，障害をもつことによって生じる．これらに対応する制度として低所得者への公的扶助制度（生活保護）や年金や医療などの社会保険制度（所得保障政策）があり，社会保障も社会福祉の範囲に位置づけて考え

ことができる.

　社会福祉の意味には，相談援助などの援助技術を指す場合とサービス形態を指す場合がある．援助技術を指す場合の社会福祉は，一般にソーシャルワークと呼ばれる．ソーシャルワークは，すべての人間が平等であること，価値ある存在であること，尊厳を有していることを認めて，これらを尊重することに基盤を置き，人権と社会正義の実現を目指す活動である．ソーシャルワーカーは，ソーシャルワークの専門知識と専門技術とを用いて，不利益を被っている人々と連帯して貧困の軽減に努め，社会的排除や傷つきやすく抑圧されている人々を解放し，社会的包摂（ソーシャルインクルージョン）を促進するよう努力するものと，国際ソーシャルワーカー連盟は定義している．

　従来の援助技術をさらに発展し，個人の積極的な対処能力を引き出そうとするエンパワメント，ストレングス志向，解決志向，ナラティブ・セラピーなどの実践モデルが，今日のソーシャルワークに登場している．

　サービス形態を指す場合の社会福祉は，サービスを受ける拠点に注目した施設給付と在宅給付という分類方法や，給付の性格に着目した現金給付（金銭給付），現物給付，役務給付（ホームヘルプ，保育，介護などのようなケアワークといった対人援助サービス）などの分類方法が用いられる．

第3節　社会福祉の展開

1. 他職種や専門家との連携

　今日の多様な福祉ニーズに応えようと，異なる組織や団体，あるいは異なる立場や職種の人々が目的を共有し，協力し合って目的達成のために連携し，サービスを総合的に提供していくようになりつつある（多職種連携）．

　当事者の生活上における諸問題を改善・解決していくために，サービスを提供している保健・福祉・医療の専門家たち，NPO（Non-Profit Organization：民間非営利組織）や当事者組織・団体などのコーディネーターらが互いに連

携し，支援を行っていく．

　この支援に必要とされているのは，地域社会と保健・福祉・医療の専門家らを結びつけることである．そこで，社会福祉協議会の地域福祉コーディネーター，福祉活動専門員，ボランティア・コーディネーターなどが重要な役割を果たす．次に社会福祉協議会の役割にふれながら，連携について考えてみよう．

　社会福祉協議会は，民間の社会福祉事業を発展させるために，住民参加による新しい福祉団体として，1951（昭和26）年から全国的に結成された団体である．社会福祉協議会は，市町村単位に置かれた市町村社会福祉協議会と，都道府県単位に置かれた都道府県社会福祉協議会，中央組織としての全国社会福祉協議会があり，住民参加やコミュニティでの福祉活動の促進，ボランティアの育成，当事者組織・団体などへの支援を行っている．

　少子高齢化による相互扶助機能の低下した地域社会において，地域住民を組織化していくため，社会福祉協議会を中心に施設や行政機関などの連絡調整や住民活動の組織化などが行われた．

　その方法にはアメリカで発展してきたコミュニティオーガニゼーション[2]の考え方が導入された．コミュニティオーガニゼーションは，住民自身が問題を解決することができるように，コミュニティワーカーらが住民を組織化する援助方法である．

　やがて，イギリスのコミュニティケア論やコミュニティデベロップメント（地域社会開発）の考え方が導入され，住民の潜在的ニーズの汲み上げや在宅福祉サービスなどの資源開発，サービス提供機関・団体間での連携調整システムづくりを，コミュニティワーク[3]として展開することになった．

　社会福祉協議会の行うコミュニティワークを大まかにみてみると，以下のようになる．

①住民参加型の福祉支援：ハンディキャップをもつ当事者やその家族の参加
　活動の支援，小地区における住民組織の行う福祉活動の支援，ボランティ

ア活動の支援．
② 福祉サービスの開発：住民参加による福祉サービスの開発支援，民間福祉団体による独自サービスの開発支援．
③ 保健・福祉・医療の連絡調整：福祉機関・施設，住民参加のNPO，ボランティア団体，当事者組織・団体間の連絡調整，協働．

2. 協働——支援の連携をチームで行う保健・福祉・医療の連携

　異なる組織や団体，あるいは異なる立場や職種の人々が達成すべき目的を共有し，互いに協力し合って働くことを協働と呼び，政策論や地域福祉論の場面では公私協働や公民協働，援助実践論の場面では職種間協働のように使うことも増えてきた．

　公私協働は，自治体だけではなく民間営利組織，非営利組織が参加し，共に地域の福祉サービス供給体制をつくっていくことを指している．公民協働は，地域住民が主体的に自治体の政策過程全般にかかわっていくことで，市民自治を行政に反映させることを意味する．

　援助実践論でいうところの職種間協働とは，① ソーシャルワーカーと利用者との関係における協働を指す場合や，② 保健・福祉・医療といった異なる職種間での協働，あるいは，医療機関と福祉施設といった異なる機関との間における協働である（機関間協働）．

　職種間協働の①は，エンパワメントを志向するソーシャルワーカーが，利用者の話す内容をクライエントの前で記録し，利用者がその内容を確認するなどのように，対等な関係で一緒に問題解決の計画を作成するものである．②は，地域で暮らす多様なニーズをもつ人々や複雑で困難な問題を抱える人々を支援していくために，多様な専門家や関係者，利用者らが共同で問題やニーズを分析し，支援計画を立て，各機関や専門家らなどが連携してサービスを総合的に提供していくものである．

　職種間協働（機関間協働）は，ケースマネジメントの利用者指向モデルが重視してきた戦略である．利用者のために効果的で効率的な支援計画を立て，

多様な専門家や関係者が職種間協働のチームとして互いが補完しあいながら，利用者を支援していく．

職種間協働が安定的に機能していくためには，所属機関同士のフォーマルなネットワークと，個別の要請に応じて人々を招集するインフォーマルなネットワークとを協働の場においてシステム化しておくことが望まれる．

また，地域内の潜在的利用者のニーズ把握や使用者に関する情報の共有管理，各機関のサービス情報の共有，各機関のスタッフの合同研修，支援計画の実施の了承などに関しての合意形成をするため，機関の長や管理職による機関間協働のシステムも整備される必要がある．

職種間や機関間の協働におけるチームのコーディネートは，どの職種でも可能であるけれども，多くの専門知識をもち対人援助技術を身につけ，多様な機関や職種と接することの多いソーシャルワーカーは，この役割によりふさわしい職種といえる．

注
1) 震災をきっかけに「累積債務問題」に陥ることも多い．それは，地元での産業や雇用が失われることから，被災者は収入の低下や喪失に直面するからである．そして，時間の経過とともに，被災者救済のために設けられてきた政府系の融資の返済時期がくることや，住宅再建や事業再開のための借金の返済が始まるために，直接的な被害（家屋の倒壊や災害，浸水など）に加えて，2次的（収入の低下や喪失），3次的（借金の返済）な間接的影響（経済的インパクト）が被災者に訪れるからである．
2) コミュニティオーガニゼーションの原点には，ロンドンでセツルメント活動をしていたエドワード・デニソン（E. Denison）やサミュエル・バーネット（S. Barnett）らの主張がある．彼らは，産業の不均衡などによる低賃金や失業のように，貧困問題には個人の努力とは無縁の要因があると考え，貧困問題の解決のためには自らが社会に働きかけることが必要であると主張した．この主張がアメリカに伝わり，社会運動を支えるコミュニティオーガニゼーションへと発展していった．
3) 今日のソーシャルワークは，ケースワーク（個別援助），グループワーク（集団援助），コミュニティワーク（地域援助）の3つの方法から構成されている．初期のコミュニティワークは，アメリカからコミュニティオーガニゼーション（community organization：地域組織化技術）として導入された．その後，イギリス流のコミュニティケア論やコミュニティデベロップメント（地域社会開

発）の概念を取り入れ，包括的な地域援助技術の手法として発展した．

参考文献

岩田正美・上野谷加代子・藤村正之編著『ウェルビーイング・タウン――社会福祉入門（改訂版）』有斐閣，2013 年

ウィレンスキー，H. 著／下平好博訳『福祉国家と平等――公共支出の構造的・イデオロギー的起源（オンデマンド版）』木鐸社，2004 年

佐々木寿美著『福祉国家を捉えなおす――社会保障の可能性と限界』ミネルヴァ書房，2018 年

ベヴァリッジ，W. 著／一圓光彌ほか訳『ベヴァリッジ報告――社会保険および関連サービス』法律文化社，2014 年

第2章　社会福祉の歴史的形成

第1節　世界の社会福祉の歴史的形成

　日本の社会福祉の歴史は，外国の影響を受けつつ今日の形に発展してきた．日本の社会福祉を知る上で，外国の社会福祉の歴史についての理解は欠かせないものである．

　そこで，本節では，資本主義を早くに取り入れ，社会福祉国家として日本をはじめとする多くの国に影響を与えてきたイギリスの社会福祉の始まり，特に「救貧法」の成立過程についてみていく．次に，戦後の日本の社会福祉の形成過程において，看過できない，大きな影響を与えたアメリカの社会福祉の歴史についても概観していく．

1．戦前の欧米の社会福祉の歴史的形成

（1）　イギリスの社会福祉の歴史

　中世封建社会のイギリスにおいては，国家による貧民等の救済は行われていなかった．

　国家による救貧制度の成立は，1601年の「エリザベス救貧法」からとされている．

　「エリザベス救貧法」では，キリスト教の教区を単位とし，救貧税を財源とした救済が行われた．各地区で救貧委員を決めて，集めた救貧税を財源とし，肢体不自由者，無能者，老人，盲人，貧乏な労働無能力者を救済する一方で，労働可能な貧民には強制的に仕事をさせ，浮浪者を犯罪者として取り締まることにした．その後，「救貧法」はイギリスの貧民政策の大きな柱と

して，機能していく．

しかし，18世紀後半から19世紀前半かけて起こった産業革命では，資本主義社会への移行により，新たな無産貧民層が増大し，従来の救貧政策では，対処できなくなった．

そこで，1782年に「ギルバート法」が制定された．「ギルバート法」では，老齢・疾病・虚弱者・孤児を救貧院に収容し，労働力のある貧民には，救貧税による賃金の補助を与え，職のない者には職の斡旋を行う「院外救済」を行った．しかし，貧困層として，農民や低賃金の労働者などが増加したため，1795年にスピーナムランド制度が始まった．ここでは，貧民に，より多くの扶助をし，貧民・勤労者とその家族に対して，救貧税から補助金を与えることで，かれらの生活維持を図ることとなった．反面，救済費が拡大し，救貧制度に対する批判も高まった．

一方，19世紀に入ると民間では，1869年に慈善組織協会（COS）が結成され，民間の慈善的救済が行われるようになった．この時期，国家による貧民の救済は縮小され，労働者による自助組織と民間による慈善的救済によって，貧民政策は進められていった．そのような中，1880年代に，教育者や学生，教会関係者などが，貧困地域（スラム）に移り住み，貧困に苦しむ人々と生活を共にすることによって生活状態を改善するセツルメントが世界で初めて始まった．この活動は，民間の慈善活動として，世界的に広がりをみせることとなる．

1873年に起こった世界的経済恐慌を契機に「世界の工場」としてのイギリスの地位は，後進資本主義国の陰に後退していった．国内の失業率は増大し，労働者の窮乏を招いた．しかし，救貧法において貧民階級を対象とする従来の救貧法制度では，この問題に対応することがむずかしかった．

そして，19世紀末には，「科学的貧困調査」が数度行われ，貧困は資本主義社会に特有な社会現象であることが実証され，国家による対応策が必要であるという認識が強まった．まったく新たな救済制度の必要に迫られた政府は，1906年には貧しい学齢児童のための「学校給食法」，1908年には「無拠

出老齢年金法」，1911年には「国民保険法」などを次々と制定した．中でも「無拠出老齢年金法」と「国民保険法」は，新しい救済制度の到来を意味するものであった．

戦時体制下の1942年にベヴァリッジが連立内閣に「報告書」を提出し，戦後第三次労働党内閣によって具現化されることになる．この「ベヴァリッジ報告」は，「ゆりかごから墓場まで」の画期的な生活保障の原理・体系を打ち立て，「福祉国家の理想」とされた．この報告書は，社会保障の思想と体系の原典として，他の資本主義国家の指針となる．

(2) アメリカの社会福祉の歴史

1776年，イギリスによって統治されていたアメリカ植民地の13の地域が，独立を宣言した．ここに，13州からなる連邦国家としてのアメリカ合衆国が成立したが，それ以前の植民地時代のアメリカにおいて，多くの植民地が，病人や寡婦，孤児，老人のための「救貧法」を制定していた．この「救貧法」は，いずれも母国であるイギリスの「エリザベス救貧法」を模範にしたものだった．

1815年から1821年にかけて，アメリカは深刻な不況にみまわれた．これに伴い，公的救済費が高騰し，救済のあり方が見直されるようになっていった．これに先立ち，報告書が提出されたが，その1つがマサチューセッツ州の「クインシー・レポート」である．その内容は，居宅のままで貧民を救済すると高くつき，貧民の道徳や勤勉の習慣をつけるのに害になるので，労役場や貧民院に収容して強制労働などに就かせるべきだというものであった．この報告書はアメリカ全体の救貧制度のあり方に大きな影響を与えるもので，1860年までにアメリカのほとんどの地方行政単位が貧民院を設置するようになった．

1930年代，アメリカは長い不況にみまわれていた．その時期に大統領に就任したのが，フランクリン・D・ルーズヴェルトで，1933～1935年の間に，失業・貧困問題に対する緊急救済案を提案し，恒久的な救済策としての「社

会保障法」の制定に成功した.

これをニューディール政策と呼ぶが，ニューディール政策の喫緊の課題は，1300万人以上いるとされた失業者の救済であった．ルーズヴェルトは，「連邦緊急救済法」を制定し，失業者を貧困者と同様に救済することとした．これが，アメリカで初めて行われた連邦政府による救済であった．

「社会保障法」は，老齢年金制度，失業保険制度，特別扶助（老人扶助，要扶養児童扶助，盲人扶助）と社会福祉サービスから成立していた．また，ルーズヴェルトは，救済を「政府の施与」から「国民の権利」とし，年金や手当や扶助を「法律的，精神的，政治的権利」としての地位に引き上げた．

一方，民間による慈善は，これより早く行われている．1886年にニューヨークにアメリカ最初のセツルメントである「隣人ギルド」がつくられた．1889年には，近代社会福祉の母といわれるJ・アダムスにより，シカゴのスラムのホルステットにセツルメント・ハウスであるハル・ハウスがつくられた．ハル・ハウスには，保育所，運動場，集会所などの機能があり，また料理・裁縫など移民に必要な技術や知識を教える学校でもあった．アメリカのセツルメントでは，人種問題，移民問題の解決が活動の中心とされた．

2. 戦後の欧米の社会福祉の形成過程

(1) イギリスの福祉の変遷

第二次世界大戦後のイギリスは，福祉国家の実現を目指して，社会保障制度の充実が行われていった．いわゆる「ゆりかごから墓場まで」の最低生活の保障を理想として政策を進めたことになる．そして，1946年に「国民保険法」が改正された．ここでは，失業保険制度や健康保険制度が定められ，保険制度の充実が図られていった．ほかにも出産給付や退職年金，寡婦給付などの制度も定められた．また，同年に制定された「国民保健サービス法」によって医療事業が国有化されたことで，医療が税金で運用されることになり，医療費の無料化の政策も進んだ．1948年には「児童法」が制定され，子どもの養育における家族の権利や責任を重視する姿勢が示された．こうし

て，戦後の諸立法の中で，イギリスは，児童，障がい者，病人，老人に係る社会福祉行政の実施機関・施設などの広い範囲にわたっての改革を行っていった．イギリスの社会保障制度は先進国のモデルとされ，その後の政党でも引き継がれていった．

しかし，1970年後半から不況期に入り，イギリスの経済成長は停滞し，高い税負担に対する国民の反感が高まった．先進諸国においても，福祉国家への批判が高まり，「福祉国家の危機論」が広まった．これは，社会保障費の増大が経済成長を阻害し，また，国家の介入によって，個人や家族の自助努力が失われるといったものである．

そして，福祉国家の下に行われる個人の私的生活や社会生活領域への過度の国家介入による自由の剥奪といった問題についても指摘されている．このような矛盾を解決しようと考え，つくられた社会サービスがソーシャルワーカー制度である．ソーシャルワーカー制度により，個人の抱えるニーズについて，物心両面から対処することができるようになった．これは，国家の制度を画一的に個人に適用するのではなく，制度を個人の生活にうまく適応させるという役割をもっていた．

1979年になると，サッチャー保守党政権が発足した．サッチャーは，民営化と福祉国家の縮小を掲げ，「小さな政府」を目指した．「小さな政府」とは，政府の役割を小さくした方が経済の発展や国民の生活の向上につながるという考え方である．サッチャーの下で行われた新自由主義政策（サッチャリズム）では，年金の民営化政策のほか，「最低賃金法」があると雇用が減って失業が増えるという側面を重視して，同法の撤廃などを進め，社会保障の切りつめや自助努力重視の福祉政策の実現を目指した．1980年代のサッチャーと，1997年までのメージャーと続いたイギリス保守党政権は，民営化と福祉削減という「小さな政府」化を徹底して推し進めた．その結果として経済は活性化したが，一方で貧富の格差の拡大，若年層の失業の増加，社会保障削減による国民の不安の高まりなどの社会問題を引き起こすこととなった．

このような社会背景の下，1997年に政権交代が行われ，ブレア労働党政権が発足した．ブレア労働党政権では，経済効率と公平性の両立を目指す「第三の道」がとられた．ブレアは労働党初めて，福祉国家のモデルチェンジを図ったことになる．ここでは，「大きな政府」か「小さな政府」かという議論を超え，機会の平等を実質的に確保することを政府の新たな役割とした．そのビジョンは「社会的包摂」（ソーシャルインクルージョン）と呼ばれた．ブレアは，自立支援を重視し，「最低賃金法」の復活などの社会保障の立て直しを図った．

(2) アメリカの福祉の変遷

1935年にニューデール政策の下，「社会保障法」が制定された．ここで世界で初めて社会保障という言葉が生まれた．しかし，個人主義や州権主義から，制度そのものの成立は遅れがちであった．個人主義とは，国家や社会の権威よりも個人の価値を重視するもので，個人の自由，自己責任（自助）の尊重を原理としている．また，州権主義とは，連邦ではなく，州が政治や行政の大きな統治権をもつということである．そこで，社会保険のもつ強制力や連邦主体の中央管理に抵抗し，その導入を妨げられ，成立が遅れた．アメリカは「社会保障法」に，第二次大戦以後の経済発展に伴う社会状況を反映させた．ここでは，個人主義や州権主義の考え方に制約されながら，数々の改正を加えていった．たとえば，高齢者年金，障害年金等の公的年金制度を中心とする社会保障制度が整備などである．しかし，1950～1960年代の公的扶助には引き締めの動きも同時にあった．たとえば，1961年にニューバーク市では，公的扶助受給者の中には働こうと思えば働けるのに扶助を受ける「詐欺者」が多くいるなどの理由で，扶助受給制限を強化するための条例を施行した．また，シカゴの「児童扶養家庭に対する公的扶助」（AFDC）では，AFDCを受給している母親が成人男性と同居したり，訪問を受けたりすることを一切禁止していた．これは，労働能力のある貧困者だけでなく，男性からの援助を受ける可能性のある者まで，公的扶助の対象から外していこ

うとする救貧法的な考え方だった．救貧法的な考え方とは，公的扶助を受ける者を劣等処遇したり，労役場に収容して強制労働させるべきだとする考え方である．

1965 年には「社会保障法」が改正され，メディケア及びメディケイドが成立した．メディケアとは，連邦政府による高齢者と身体障がい者を対象とした健康保険制度である．メディケイドとは，民間の医療保険に加入できない低所得者や身体障がい者に対する公的医療制度である．また同年，ヘッドスタートが開始された．ヘッドスタートとは，健康及び人的サービス省（HHS）が行っているもので，3 歳から 4 歳の低所得者層の子どもを対象とした就学援助のためのプログラムである．就学前に少なくともアルファベットが読めるようになる，10 までの数が数えられるようになるといった目標が掲げられて行われている．

民間の活動としては，1970 年にニューヨークで，障がいをもつ人の権利の主張運動が始まり，「行動する障害者」（DIA）という団体が設立された．DIA は，障がいをもつ人の当事者による権利主張を中心に政治的な活動を行った．そして，1972 年の「自立生活センター」（CIL）の設立が，「自立生活運動」の始まりとされている．これらの活動によって，1980 年代のノーマライゼーションの世界的な広まりや国際連合の「障害者の十年」，1990 年代の世界初の「障害をもつアメリカ人法」（ADA 法）の提案，成立などのさまざまな当事者運動が展開されていくことになった．

1996 年に，「個人責任及び就労機会調整法」が施行され，「福祉から就労へ」をスローガンとする福祉改革が行われた．これによって「要扶養児童家庭扶助（AFDC）」，「就労機会・基礎技能訓練（JOBS）」，「緊急扶助（EA）」の 3 つの福祉制度が廃止され，福祉への依存からの脱却と就労による自立支援を目的とし，給付金の支給と就業支援を統合した「貧困家族一時扶助制度（TANF）」が設立された．TANF は，児童が自宅または親戚宅で養育されるよう貧困世帯の扶助を行ったり，就職や結婚を促進し，給付金に依存する低所得児童扶養者を削減するなどの施策の促進を目的としている．

第 2 節　日本の社会福祉の歴史的形成

　この節では，日本の社会福祉の形成過程について概観していく．さまざまな福祉に対する考え方や施策の変遷などを経て，日本の社会福祉は今日の形となった．その歴史を学ぶことで，今日の社会福祉のあり方について，より深い理解が得られる．ここでは，日本の社会福祉の形成過程を戦前の福祉と戦後から始まった社会福祉の形成過程という視点でみていく．

1. 戦前の日本の社会福祉

（1）　日本の救貧対策の歴史的変遷

　戦前には，現在の日本のような社会福祉の制度は存在しない．明治維新の前には，各藩が独自に藩による窮民救助を行っていた．明治維新において廃藩置県が行われた後，明治政府による救貧対策の全国的な一本化が喫緊の課題となった．そして，1874（明治7）年に「恤救規則（じゅっきゅう）」が制定された．しかし，「恤救規則」は国家がすべての窮民を救済する体制を整えたものではなく，原則的には国民の相互扶助，つまり近隣の助け合いを基本とする制限救助主義に立った制度であった．その上で国家による救済は，災害等の理由で貧困になった人の救済を一般の窮民よりも優先して行うものとし，次に人道上放任すべきではない者（鰥寡孤独廃疾疾病（かんかこどくはいしつしっぺい））などに限られていた．「鰥」とは，妻を亡くした高齢の夫を指し，「寡」とは夫を亡くした高齢の妻，「孤」とは父親のいない子ども，「独」は子どもがいない高齢者，「廃疾」とは，身体障がい者のことである．また，「疾病」とは，病に侵されている者のことである．救済は，このように生活苦にあえいでいても窮状を訴えることのできない困窮者に対して行われていった．このように前時代的な公的慈善制度を継承する形で「恤救規則」は始まった．そこで，この不備のある制度に対して，改正案が何度か提起されるが，「国による救済は怠け者をつくる」といった堕民観や「国は国民の経済活動に立ち入るべきではない」とす

る自由放任主義などの主張や活動に阻まれ，実現することはなかった．その後，「恤救規則」は1931（昭和6）年まで存続した．

(2) 民間による慈善事業

公的な救済が整っていない中で，民間の慈善事業が展開されていく．1887（明治20）年に石井十次は，孤児救済のための施設である「岡山孤児院」を開設した．また，石井亮一は，1891（明治24）年に，キリスト教精神に基づき，日本最初の知的障がい児の入所施設である「滝乃川学園」を開設した．1899（明治32）年には，留岡幸助が東京巣鴨に非行少年のための施設である「家庭学校」を開設した．その後，1914（大正3）年には，北海道にも「家庭学校北海道分校（現・北海道家庭学校）」を開設している．これらの施設は，創設者の私財を投じて開設されたものであり，自らの信仰心や信念に基づいて運営されていた．また，1897（明治30）年には，片山潜によってセツルメント活動の拠点として，キングスレー館が設立された．また，大阪では1918（大正7）年に地域に密着した委員が貧困者の生活を救済する「方面委員制度」が始められた．これが今日の「民生委員・児童委員」の前身である．

(3) 感化救済事業から戦時厚生事業へ

わが国では，1900（明治33）年に「感化法」が制定された．「感化法」は，不良行為をなし，またはなすおそれがある8歳以上16歳未満の少年を感化院に入所させ，教化するための法律である．それにより，感化院（現在の児童自立支援施設）が設置された．「感化」とは，考え方や生き方などに影響を与えて，それを変化させることである．そして，「感化救済事業」という言葉は，1908（明治41）年の内務省主催の「感化救済事業講習会」の開催によって広く社会に知られるようになった．感化救済事業では，「国民の感化」が強く打ち出された．それは，貧困などの社会的問題を個人の資質や性格的な問題と捉え直して，国民の相互扶助を促進し，国民一人ひとりが自立して生活することにより，国家に負担をかけない「良民」になることを求めるも

のであった．感化救済事業は，多くの社会問題にそれまでの慈善事業では対応しきれなくなったことから推進されたものである．その対応には，道徳や教育的な視点が導入されることが多かった．

1930年代後半は，総力戦に向けての国家総動員が進められていた時期で，1938（昭和13）年に国家の総力戦を見据え，人的・物的資源を統制・運用する権限を政府に与えた「国家総動員法」が制定された．また，1938（昭和13）年に「国民の体力向上」と「国民福祉の増進」の目的を掲げた行政機関の「厚生省」が設置された．厚生省は，当時最も重要な課題である「健民健兵」を推進するために，「国保なくして健民なし」と謳い，1938（昭和13）年に「国民健康保険制度」を制定した．社会事業においても，総力戦体制に適応するように，1940（昭和15）年前後を境として名称が「厚生事業」と変更された．

1937（昭和12）年の日華事変から1945（昭和20）年の第二次世界大戦終戦までの期間を戦時厚生事業期と呼ぶ．この時期の主な厚生事業の課題は，戦争に大きく傾倒したものになり，そして，厚生事業期の政策は，国民生活の一切の課題を「人的資源」に集中した．1941（昭和16）年には「健民健兵」の用語が一般的に使用され始め，健民政策が厚生行政の中心となった．こうして，日本は国家総力戦で戦争に突き進んでいく体制を整え，1945（昭和20）年に終戦を迎えることとなる．

2. 戦後の日本の社会福祉

（1）戦後の福祉と社会福祉三法

日本は，1945（昭和20）年の終戦の日までの約9カ月の間に無差別な絨毯爆撃によって，多くの死傷者を出した．日本の主な都市は焼失し，約1000万人が罹災した．戦災で家や家族を失った戦災孤児や失業者などのほかに，外地からの引揚者が加わって全国的に食糧不足となり，国民は飢餓状態となった．これを「総スラム化現象」という．そして，この状態に対処する政策そのものも存在せず，すべての国民が自力で生きていかねばならない状況で

あった．1945（昭和20）年，政府では「生活困窮者緊急生活援護要綱」を閣議決定した．援護対象は，著しく生活に困窮するもので，失業者，戦災者，海外引揚者，傷痍軍人等に生活必需品や食料の給与や仕事の提供等を行った．そして1946（昭和21）年にGHQ（連合国軍最高司令官総司令部）は日本政府に対して基本的な公的扶助の原則として，「社会救済に関する覚書」を示した．これが，「福祉四原則」と呼ばれ，戦後の日本の社会福祉を方向づけることになった．「福祉四原則」とは，「無差別平等の原則」「救済の国民責任の原則」「公私分離の原則」「救済の総額を制限しない原則」である．この四原則をもとにまずつくられた法律は「旧・生活保護法」である．この原則は，戦後の社会福祉制度の基本となった．しかし，保護請求権が不明確であったり，また，不適格者（素行不良者）を保護対象から除くなどの法的な不十分さが指摘された．その結果として1950（昭和25）年に新たに「生活保護法」が制定されることとなった．これが現在の「生活保護法」の形になる．また，1946（昭和21）年には「日本国憲法」が制定され，翌年から施行された．ここで，基本的人権の尊重や生存権の保障といった理念が明文化された．また，児童の苦しい生活環境の改善や浮浪児，孤児対策のための根本的な解決策として，1947（昭和22）年には「児童福祉法」が制定された．1949（昭和24）年には，戦争中に負傷した傷痍軍人の問題の解決や身体障がい者の福祉を図るために「身体障害者福祉法」が制定された．このように「生活保護法」「児童福祉法」「身体障害者福祉法」のいわゆる福祉三法体制が確立された．

（2）社会保障制度の成立

1949（昭和24）年にGHQの指示により「社会保障制度審議会」が設置された．その翌年の1950（昭和25）年に「社会保障制度に関する勧告」が出された．この「社会保障制度に関する勧告」において，困窮の原因に対し，保険制度などで対応することや国の負担において経済保障をすることを規定した．また，生活困窮者については，国家の扶助で最低限度の生活を保障するとともに公衆衛生及び社会福祉の向上を図り，すべての国民が文化的社会

の成員たるに値する生活を営むことができるようにすることが明記された．そして，社会保険，公的扶助，公衆衛生及び医療，社会福祉といった社会保障制度の体系化が図られた．1951（昭和26）年に制定された「社会福祉事業法」（現・社会福祉法）に基づいて，福祉事務所や社会福祉主事などの社会福祉の基本的な枠組みがつくられ，社会福祉制度の大まかな形が整備された．

（3） 高度成長と社会福祉

日本経済は，1954（昭和29）年から始まった「神武景気」を出発点に1965（昭和40）年までほぼ順調に成長した．この急激な経済成長は，「世界の奇跡」といわれた．しかし，高度成長は同時に「ヒズミ」を生み出した．たとえば，「集団就職」や「通年出稼ぎ」などのような農村から都市への大量の人口移出が，過疎・過密を引き起こしたり，物価の上昇や格差の拡大などの社会問題を引き起こした．また，政府が基盤整備を後回しにしたことにより，「四大公害」（熊本水俣病・新潟水俣病・イタイイタイ病・四日市ぜんそく）をはじめとする各種の公害の発生などの社会問題を引き起こした．

高度成長期に社会福祉政策として，1960（昭和35）年に「精神薄弱者福祉法」（現・知的障害者福祉法），1963（昭和38）年に「老人福祉法」，1964（昭和39）年に「母子福祉法」（現・母子及び父子並びに寡婦福祉法）が施行された．ここに1948（昭和23）年に施行された「児童福祉法」と1950（昭和25）年に施行された「身体障害者福祉法」，1950（昭和25）年に制定された「生活保護法」を併せて「福祉六法」となり，現行の社会福祉の制度体系が完成した．また，「精神薄弱者福祉法」の施行によって，これまで放置されていた18歳以上の知的障がい者に対して積極的な支援が行われるようになった．「老人福祉法」は，世界最初の老人福祉に関する独立法である．また「母子福祉法」の施行によって母子福祉が総合的に整備されていったのである．

（4） 国民生活の変化と児童問題

1963（昭和38）年に出された厚生省『児童福祉白書』では，「婦人労働の

進出傾向に伴う保育努力の欠如」などの問題が指摘されている．国民は貧困のため，「一家総働き」によって，辛うじて生計を維持しようと努力したのである．1969（昭和44）年の厚生省の「全国家庭児童調査」によれば，児童のいる家庭で母親が家庭外の常用労働に従事している割合は，51％であった．しかも共稼ぎ世帯の未就学児のうち，幼稚園・保育所に通っている児童は，36.2％にすぎず，ほかは「家族」や「近所の人」に頼ったり，さまざまな形で放置されたりしていた．保育所不足，養育・教育費の著しい増大，住宅難などの新しい生活困難は，出生率を低下させることとなる．

(5) 高度成長の終わりと社会福祉

日本経済は，1970（昭和45）年ごろから不況にみまわれた．そして，1973（昭和48）年に始まったオイルショックの影響をまともに受け，翌年の日本経済は，マイナス成長を記録した．この時期，「福祉見直し」と称して，社会福祉の財政の抑制も行われるようになった．そのような中で児童手当が，1971（昭和46）年に創設された．これで，日本の社会保障制度体系は完成されたといわれる．

また，1973（昭和48）年は「福祉元年」と呼ばれ，好景気を背景に，「福祉国家」を目指すべく，社会保障の充実が行われ，国民健康保険被保険者と被用者保険被扶養者者で一定の所得以下の70歳以上の高齢者の医療費無料化や年金の物価スライド制も打ち出された．しかし，同年の「オイルショック」により，高度経済成長は終わる．高度経済時代は，その経済力をもとに，社会福祉の整備が進められていたが，高度経済成長の終わりとともに財政難に陥った．そこで「福祉の見直し」として，社会福祉に係る支出を減少させることとなった．

1980年代後半になると社会福祉改革が本格化した．そして，1987（昭和62）年には「社会福祉士及び介護福祉士法」が制定され，社会福祉分野での国家資格が実現した．また，1990（平成2）年には福祉関係八法改正が行われた．ここで，在宅福祉などが重視されることとなる．そして，1900年代

に入ると社会福祉改革がより進み，2000（平成12）年に社会福祉基礎構造改革が行われた．同年に「介護保険制度」も実施された．児童福祉関係では，2016（平成28）年に「児童福祉法等の一部を改正する法律」が制定され，児童福祉の理念等の改正が行われ，少子化対策や児童虐待問題などの社会問題の解決に向けての動きが続いている．

参考文献
右田紀久惠ほか編『社会福祉の歴史』有斐閣，2003年
金子光一『社会福祉のあゆみ』有斐閣，2005年
椋野美智子・田中耕太郎『はじめての社会保障』有斐閣，2017年
清水教惠ほか編著『よくわかる社会福祉の歴史』ミネルヴァ書房，2011年
社会福祉士養成講座編集委員会『現代社会と福祉』中央法規，2014年
津曲裕次『障害者の教育・福祉・リハビリテーション入門』川島書店，2003年
野本三吉『社会福祉事業の歴史』明石書店，1998年

第3章　社会福祉の法律

　わが国の社会福祉に関する種々の法律は，「日本国憲法」を基盤として，すべての国民の生活部面の保障を具体化させるものである．その中でも，社会福祉の機関や施設等によって供給される社会福祉サービスを規定しているのが，「生活保護法」「児童福祉法」「身体障害者福祉法」「知的障害者福祉法」「老人福祉法」「母子及び父子並びに寡婦福祉法」のいわゆる福祉六法である．そのほか，「障害者の日常生活及び社会生活を総合的に支援するための法律」「精神保健及び精神障害者福祉に関する法律」「介護保険法」「母子保健法」「売春防止法」「災害救助法」，その他多くの法律が社会福祉サービスに関係している．また，社会福祉の組織・管理・体制等に関する法律として「社会福祉法」「厚生労働省設置法」「地方自治法」「民生委員法」等が挙げられる．

　なお，社会福祉に関する法律は，その時代における社会的必要性に応じて制定された背景から，いまだに体系化されたものにはなっていない．同時に，福祉ニーズの多様化，複雑化，深刻化等に伴って改正が繰り返されている[1]．

第1節　社会福祉法

　この法律は，社会福祉を目的とする事業の全分野における共通的基本事項を定め，福祉サービスの利用者の利益の保護及び地域における社会福祉の推進を図るとともに，社会福祉事業の公明かつ適正な実施の確保，社会福祉を目的とする事業の健全な発達を図り，社会福祉の増進に資することを目的とした法律である．この法律において，「社会福祉事業」とは，「第一種社会福祉事業」と「第二種社会福祉事業」とに区分されている．「第一種社会福

事業」とは，たとえば，「児童福祉法」に規定する乳児院，母子生活支援施設，児童養護施設，障害児入所施設，児童心理治療施設，児童自立支援施設を経営する事業であり，入所施設や経済保護の事業である．「第二種社会福祉事業」とは，たとえば「児童福祉法」に規定する障害児通所支援事業，障害児相談支援事業，児童自立生活援助事業，放課後児童健全育成事業，子育て短期支援事業，乳児家庭全戸訪問事業，養育支援訪問事業，地域子育て支援拠点事業，一時預かり事業，小規模住居型児童養育事業，小規模保育事業，病児保育事業，子育て援助活動支援事業，助産施設，保育所，児童厚生施設，児童家庭支援センターを経営する事業，児童の福祉の増進について相談に応ずる事業であり，利用型が中心である．また，「社会福祉法」は，「地方社会福祉審議会」「福祉に関する事務所」「社会福祉主事」「指導監督及び訓練」「社会福祉法人」「社会福祉事業」「福祉サービスの適切な利用」「社会福祉事業に従事する者の確保の促進」「地域福祉の推進」（包括的な支援体制の整備，地域福祉計画，社会福祉協議会，共同募金等），その他に関して規定している．

第2節　福祉六法

1. 児童福祉法

　この法律の第1条は児童福祉の理念であり，「全て児童は，児童の権利に関する条約の精神にのつとり，適切に養育されること，その生活を保障されること，愛され，保護されること，その心身の健やかな成長及び発達並びにその自立が図られることその他の福祉を等しく保障される権利を有する」と定めている．また，第4条から第7条には，「児童」「障害児」「妊産婦」「保護者」「小児慢性特定疾病等」「障害児通所支援等」「事業」「里親」「児童福祉施設」「障害児入所支援」を定義づけている．同法で定める「福祉の保障」としては，療育の指導，小児慢性特定疾病医療費の支給等，居宅生活の支援，助産施設，母子生活支援施設及び保育所への入所等，障害児入所給付

費，高額障害児入所給付費及び特定入所障害児食費等給付費，障害児入所医療費の支給，障害児相談支援給付費及び特例障害児相談支援給付費の支給，被措置児童等虐待の防止，その他のものがある．この法律は，すべての児童を対象として1947（昭和22）年に制定された．

2. 身体障害者福祉法

この法律は，「障害者の日常生活及び社会生活を総合的に支援するための法律」と相まって，身体障がい者の自立と社会経済活動への参加を促進するため，身体障がい者を援助し，必要に応じて保護し，身体障がい者の福祉の増進を図ることを目的としている．国及び地方公共団体は，身体障がい者の自立と社会経済活動への参加を促進するための援助と必要な保護を総合的に実施するように努めなければならない責務がある（第3条）．都道府県は，身体障がい者の更生援護の利便のため，及び市町村の援護の適切な実施の支援のため，必要の地に身体障害者更生相談所を設けなければならない（第11条）．都道府県は，その設置する身体障害者更生相談所に，身体障害者福祉司を置かなければならない．市及び町村は，その設置する福祉事務所に身体障害者福祉司を置くことができる（第11条の2）．

3. 生活保護法

この法律は，「日本国憲法」第25条に規定する理念に基き，国が生活に困窮するすべての国民に対し，その困窮の程度に応じ，必要な保護を行い，その最低限度の生活を保障するとともに，その自立を助長することを目的としている．すべて国民は，この法律の定める要件を満たす限り，この法律による保護を，無差別平等に受けることができる（第2条）．この法律により保障される最低限度の生活は，健康で文化的な生活水準を維持することができるものでなければならない（第3条）．この法律による保護の原則には，申請保護の原則，基準及び程度の原則，必要即応の原則，世帯単位の原則がある．

4. 知的障害者福祉法

この法律は,「障害者の日常生活及び社会生活を総合的に支援するための法律」と相まって,知的障がい者の自立と社会経済活動への参加を促進するため,知的障がい者を援助するとともに必要な保護を行い,知的障がい者の福祉を図ることを目的としている.国及び地方公共団体は,知的障がい者の福祉について国民の理解を深めるとともに,知的障がい者の自立と社会経済活動への参加を促進するための援助と必要な保護の実施に努めなければならない責務がある(第2条).都道府県は,知的障害者更生相談所を設けなければならない(第12条).都道府県は,その設置する知的障害者更生相談所に,知的障害者福祉司を置かなければならない.市町村は,その設置する福祉事務所に,知的障害者福祉司を置くことができる(第13条).

5. 老人福祉法

この法律は,老人の福祉に関する原理を明らかにするとともに,老人に対し,その心身の健康の保持及び生活の安定のために必要な措置を講じ,老人の福祉を図ることを目的としている.国及び地方公共団体は,老人の福祉を増進する責務を有する.国及び地方公共団体は,老人の福祉に関係のある施策を通じて,基本的理念が具現されるように配慮しなければならない(第4条).この法律において,「老人福祉施設」とは,老人デイサービスセンター,老人短期入所施設,養護老人ホーム,特別養護老人ホーム,軽費老人ホーム,老人福祉センター,老人介護支援センターをいう(第5条の3).

6. 母子及び父子並びに寡婦福祉法

この法律は,母子家庭等及び寡婦の福祉に関する原理を明らかにするとともに,母子家庭等及び寡婦に対し,その生活の安定と向上のために必要な措置を講じ,母子家庭等及び寡婦の福祉を図ることを目的としている.国及び地方公共団体は,母子家庭等及び寡婦の福祉を増進する責務を有する(第3

条).この法律において,「児童」とは,20歳に満たない者をいう.この法律において,「母子家庭等」とは,母子家庭及び父子家庭をいう(第6条).都道府県知事,市長及び福祉事務所を管理する町村長は,母子・父子自立支援員を委嘱することとなっている(第8条).

第3節　関連した法律

1. 障害者基本法

　この法律は,すべての国民が,障害の有無にかかわらず,等しく基本的人権を享有するかけがえのない個人として尊重されるものであるとの理念にのっとり,すべての国民が,障がいの有無によって分け隔てられることなく,相互に人格と個性を尊重し合いながら共生する社会を実現するため,障がい者の自立及び社会参加の支援等のための施策に関し,基本原則を定め,国,地方公共団体等の責務を明らかにするとともに,障がい者の自立及び社会参加の支援等のための施策の基本となる事項を定めること等により,施策を総合的かつ計画的に推進することを目的としている(第1条).国及び地方公共団体は,障がい者の自立及び社会参加の支援等のための施策を総合的かつ計画的に実施する責務を有する(第6条).この法律は,総則,障害者の自立及び社会参加の支援等のための基本的施策,障害の原因となる傷病の予防に関する基本的施策,障害者政策委員会等,その他を規定している.

2. 精神保健及び精神障害者福祉に関する法律

　この法律は,精神障がい者の医療及び保護を行い,「障害者の日常生活及び社会生活を総合的に支援するための法律」と相まって,その社会復帰の促進及び自立と社会経済活動への参加の促進のために必要な援助を行い,国民の精神的健康の保持・増進に努めることによって,精神障がい者の福祉の増進及び国民の精神保健の向上を図ることを目的としている.都道府県は,精

神保健の向上および精神障がい者の福祉の増進を図るための機関として精神保健福祉センターを置くものとされている（第6条）．都道府県及び市町村は，精神保健福祉センター及び保健所，その他こられに準ずる施設に，精神保健福祉相談員を置くことができる（第48条）．

3. 地域保健法

　この法律は，地域保健対策の推進に関する基本指針，保健所の設置，その他地域保健対策の推進に関し基本となる事項を定めることにより，「母子保健法」，その他の地域保健対策に関する法律による対策が地域において総合的に推進されることを確保し，地域住民の健康の保持・増進に寄与することを目的とする法律である．市町村は，当該市町村が行う地域保健対策が円滑に実施できるように，必要な施設の整備，人材の確保及び資質の向上等に努めなければならない責務がある．また，都道府県は，当該都道府県が行う地域保健対策が円滑に実施できるように，必要な施設の整備，人材の確保及び資質の向上，調査及び研究等に努めるとともに，市町村に対し，責務が十分に果たされるように，必要な技術的援助を与えることに努めなければならない責務がある．また国は，地域保健に関する情報の収集，整理及び活用並びに調査及び研究，地域保健対策に係る人材の養成・資質の向上に努めるとともに，市町村・都道府県に対し，責務が十分に果たされるように必要な技術的・財政的援助を与えることに努めなければならない責務がある（第3条）．「地域保健法」は，体系的に，総則（目的，基本理念，責務），地域保健対策の推進に関する基本指針，保健所，市町村保健センター，地域保健対策に係る人材確保の支援に関する計画を規定している．

4. 民生委員法

　「民生委員法」は，民生委員に関する事項を規定した法律である．民生委員は，社会奉仕の精神をもって，常に住民の立場に立って相談に応じ，必要な援助を行い，社会福祉の増進に努めるものとされている（第1条）．この

法律は，民生委員の定数，民生委員の推薦，委嘱，主任児童委員，民生委員推薦会，民生委員の担当区域・事項，職務，民生委員協議会，その他を規定している．民生委員は，都道府県知事の推薦によって，厚生労働大臣が委嘱する．都道府県知事の推薦は，市町村に設置された民生委員推薦会が推薦した者について，都道府県に設置された「社会福祉法」に規定する地方社会福祉審議会の意見を聴くよう努めるものとされている．（第5条）．民生委員推薦会が，民生委員を推薦するにあたっては，当該市町村の議会の議員の選挙権を有する者のうち，人格識見高く，広く社会の実情に通じ，社会福祉の増進に熱意のある者であって「児童福祉法」の児童委員としても適当である者について，これを行わなければならない．また，都道府県知事及び民生委員推薦会は，民生委員の推薦を行うにあたっては，当該推薦に係る者のうちから「児童福祉法」の主任児童委員として指名されるべき者を明示しなければならない（第6条）．民生委員は，その職務を遂行するにあたっては，個人の人格を尊重し，その身上に関する秘密を守り，人種，信条，性別，社会的身分または門地によって，差別的・優先的な取扱をすることなく，その処理は，実情に即して合理的に行わなければならないことになっている（第15条）．

5. 介護保険法

この法律は，加齢に伴って生じる心身の変化に起因する疾病等により要介護状態となり，介護，機能訓練，看護，医療を要する者等について，必要な保健医療サービス・福祉サービスの給付を行うため，介護保険制度を設け，国民の保健医療の向上及び福祉の増進を図ることを目的としている．介護保険は，被保険者の要介護状態または要支援状態に関し，必要な保険給付を行うものである．なお，保険給付は要介護状態等の軽減，悪化の防止に資するよう行われるとともに，医療との連携に十分配慮して行われなければならない（第2条）．市町村及び特別区は，この法律の定めるところにより，介護保険を行う（第3条）．国は，介護保険事業の運営が健全・円滑に行われる

よう保健医療サービス及び福祉サービスを提供する体制の確保に関する施策，その他の必要な各般の措置を講じなければならない．また，都道府県は，介護保険事業の運営が健全・円滑に行われるように，必要な助言及び適切な援助をしなければならない（第5条）．国及び地方公共団体は，認知症に対する国民の関心及び理解を深め，認知症である者への支援が適切に行われるよう，認知症に関する知識の普及及び啓発に努めなければならない（第5条の2）．「介護保険法」は，総則のほか，被保険者，介護認定審査会，保険給付，介護支援専門員，事業者及び施設，地域支援事業等，介護保険事業計画，費用等，社会保険診療報酬支払基金の介護保険関係業務，国民健康保険団体連合会の介護保険事業関係業務，介護給付費審査委員会，審査請求，雑則，罰則，その他を規定している．

6. 障害者の日常生活及び社会生活を総合的に支援するための法律

この法律は，「障害者基本法」の基本理念にのっとり，障がい者及び障がい児の福祉に関する法律と相まって，障がい者及び障がい児が基本的人権を享有する個人としての尊厳にふさわしい日常生活または社会生活を営むことができるよう，必要な障がい福祉サービスに係る給付，地域生活支援事業，その他の支援を総合的に行い，障がい者及び障がい児の福祉の増進を図るとともに，障害の有無にかかわらず，国民が相互に人格と個性を尊重し，安心して暮らすことのできる地域社会の実現に寄与することを目的としている．この法律は，総則のほか，自立支援給付，地域生活支援事業，事業及び施設，障害福祉計画（市町村障害福祉計画，都道府県障害福祉計画），費用，国民健康保険団体連合会の障害者総合支援法関係業務，審査請求，雑則，その他を規定している．

7. 子ども・子育て支援法

この法律は，わが国における急速な少子化の進行並びに家庭及び地域を取り巻く環境の変化に鑑み，「児童福祉法」その他の子どもに関する法律によ

る施策と相まって，子ども・子育て支援給付，その他の子ども及び子どもを養育している者に必要な支援を行い，一人ひとりの子どもが健やかに成長することができる社会の実現に寄与することを目的としている．都道府県は，市町村が行う子ども・子育て支援給付及び地域子ども・子育て支援事業が適正・円滑に行われるよう，市町村に対する必要な助言及び適切な援助を行うとともに，特に専門性の高い施策及び各市町村の区域を超えた広域的な対応が必要な施策を講じなければならない．国は，市町村が行う子ども・子育て支援給付及び地域子ども・子育て支援事業，その他この法律に基づく業務が適正・円滑に行われるよう，市町村及び都道府県と相互に連携を図りながら，子ども・子育て支援の提供体制の確保に関する施策，その他の必要な各般の措置を講じなければならない（第3条）．この法律は，総則，子ども・子育て支援給付，特定教育・保育施設及び特定地域型保育事業者，地域子ども・子育て支援事業，仕事・子育て両立支援事業，子ども・子育て支援事業計画，費用等，子ども・子育て会議等，雑則，その他を規定している．

注
1) 井村圭壯・相澤譲治編著『社会福祉の基本体系（第4版）』勁草書房，2013年，p.23.

参考文献
井村圭壯・今井慶宗編著『社会福祉の基本体系（第5版）』勁草書房，2017年
『社会福祉小六法（平成30年版）』ミネルヴァ書房，2018年
井村圭壯・相澤譲治編著『地域福祉の原理と方法（第2版）』学文社，2013年
桑原洋子『前近代における社会福祉法制』信山社，2014年
杉山博昭『福祉が壊れる』幻冬舎，2018年

第 4 章　社会福祉の制度と実施体系

第 1 節　社会福祉の行財政

1. 国の行政機関

（1）　厚生労働省

　社会福祉に関する国の中心的な行政組織として厚生労働省がある．厚生労働省は，2001（平成13）年の中央省庁再編によって旧厚生省と旧労働省が統合されたものである．「厚生労働省設置法」第3条第1項によれば，厚生労働省は「国民生活の保障及び向上を図り，並びに経済の発展に寄与するため，社会福祉，社会保障及び公衆衛生の向上及び増進並びに労働条件その他の労働者の働く環境の整備及び職業の確保を図ること」を所掌事務としている．

　内部部局で社会福祉や社会保障と関連の深いものとして，子ども家庭局，社会・援護局，障害保健福祉部，老健局，保険局，年金局がある．たとえば子ども家庭局では，児童の福祉に関する基本的な政策の企画及び立案並びに推進に関すること，子育て援助活動支援事業に関すること，児童の心身の育成及び発達に関すること等の事務をつかさどっている．社会・援護局は，社会福祉に関する基本的な政策の企画及び立案並びに推進に関することや，社会福祉に関する事業の発達・改善・調整に関することをつかさどっている．障害保健福祉部では，障がい者の福祉の増進に関することや障がい者の保健の向上に関することなどの事務を管掌している．保険局や年金局は社会保険を取り扱う．

　厚生労働省の地方支分部局のうち地方厚生局では，保険医療機関・保険医

に関する事務や地域包括ケア推進などのほか，社会保険審査官を置いて社会保険の審査請求に関する事務も行っている．

(2) 国の他の行政機関

厚生労働省のほか，国の他の多くの府省庁でも社会福祉・社会保障に関する事務・事業を取り扱っている．たとえば内閣府は「子ども及び子どもを養育している者に必要な支援をするための基本的な政策並びに少子化の進展への対処に関する事項」（「内閣府設置法」第4条第1項第29号）を所掌事務としている．そのほか社会保障制度に関しては，たとえば財務省や総務省，文部科学省も一定の職域の社会保険を扱っている[1]．

2. 地方公共団体

都道府県・市町村（特別区である東京23区を含む）には，その規模に応じて，民生部・保健福祉部や社会福祉課・老人福祉課などの名称で社会福祉を所掌する局部課係が置かれている．近年，社会福祉と保健・医療を一体的に処理する自治体も少なくない．最大の自治体である東京都の場合をみてみると，福祉保健局の中に，総務部，指導監査部，医療政策部，保健政策部，生活福祉部，高齢社会対策部，少子社会対策部，障害者施策推進部，健康安全部が置かれている．

3. 審議会

厚生労働省にはさまざまな審議会が置かれている．これらのうち社会福祉・社会保障と最も関係が深いのは社会保障審議会である．「厚生労働省設置法」第7条によれば，社会保障審議会は，次の事務をつかさどることとされている．すなわち，(i) 厚生労働大臣の諮問に応じて社会保障に関する重要事項を調査審議すること，(ii) 厚生労働大臣または関係各大臣の諮問に応じて人口問題に関する重要事項を調査審議すること，(iii)(i)(ii)に規定する重要事項に関し，厚生労働大臣または関係行政機関に意見を述べるこ

と，である．

　また，「社会福祉法」は，社会福祉に関する事項（児童福祉及び精神障害者福祉に関する事項を除く）を調査審議するため，都道府県・政令指定都市・中核市に地方社会福祉審議会を置くことを定めている（第7条第1項）．この地方社会福祉審議会は，都道府県知事や政令指定都市・中核市の市長の監督に属し，その諮問に答えたり関係行政庁に意見を具申する（同条第2項）．

4．外郭団体

(1)　日本年金機構

「日本年金機構法」第1条によれば，日本年金機構は「この法律に定める業務運営の基本理念に従い，厚生労働大臣の監督の下に，厚生労働大臣と密接な連携を図りながら，政府が管掌する厚生年金保険事業及び国民年金事業（以下「政府管掌年金事業」という）に関し，厚生年金保険法（略）及び国民年金法（略）の規定に基づく業務等を行うことにより，政府管掌年金事業の適正な運営並びに厚生年金保険制度及び国民年金制度（略）に対する国民の信頼の確保を図り，もって国民生活の安定に寄与すること」（第1条）を目的とする特殊法人である．

　国民年金事業・厚生年金保険事業の運営は厚生労働省の外局である社会保険庁が行っていたが，2010（平成22）年に同庁から移された．社会保険庁の出先機関であった社会保険事務所は年金事務所に改められた．

(2)　全国健康保険協会

全国健康保険協会は「健康保険組合の組合員でない被保険者（日雇特例被保険者を除く（略））の保険を管掌する」法人である（「健康保険法」第5条第1項）．また，「船員保険は，健康保険法による全国健康保険協会（略）が，管掌する」こととされている（「船員保険法」第4条第1項）．

　健康保険事業・船員保険事業の運営も厚生労働省の外局である社会保険庁が行っていたが，2008（平成20）年に同庁から移された．

(3) 福祉医療機構

「独立行政法人福祉医療機構法」第3条第1項によれば，独立行政法人福祉医療機構は「社会福祉事業施設及び病院，診療所等の設置等に必要な資金の融通並びにこれらの施設に関する経営指導，社会福祉事業に関する必要な助成，社会福祉施設職員等退職手当共済制度の運営，心身障害者扶養保険事業等を行い，もって福祉の増進並びに医療の普及及び向上を図ることを目的とする」とされている[2]．そのほか，「厚生年金保険制度，国民年金制度及び労働者災害補償保険制度に基づき支給される年金たる給付の受給権を担保として小口の資金の貸付けを行うこと」も行っている（同条第2項）．

(4) 社会福祉事業団

「社会福祉事業団等の設立及び運営の基本方針」（昭和46年7月16日付厚生省社会局長・児童家庭局長連名通知）別紙「社会福祉事業団等の設立及び運営の基準」の「社会福祉事業団等の設立及び運営の基本方針」1によれば「地方公共団体が設置した社会福祉施設は，地方公共団体において自ら経営するほか，施設経営の効率化が図られる場合には，社会福祉法人組織により設立された社会福祉事業団に経営を委託することができるものとし，社会福祉事業団の設立，資産，役員，施設整備，委託料等に関する基準を設けて公的責任の明確を期するとともに経営の合理化に資することとする」とされている．

社会福祉事業団は，原則として2以上の入所施設の経営を委託しようとする都道府県，市が設立できる．組織は社会福祉法人である．

5. 社会福祉の財政

国の一般会計の社会保障関係費は年金給付費，医療給付費，介護給付費，少子化対策費，生活扶助等社会福祉費，保健衛生対策費，雇用労災対策費などからなる．

社会保障給付費は，国の一般会計の社会保障関係費等のほか地方公共団体

の一般財源からの拠出，さらに被保険者・事業主負担の保険料，積立金の運用収入などを財源としている．それを年金・医療・福祉その他について給付を行う．

　国の特別会計として年金特別会計がある．この特別会計は年金という名称を冠しているが，国民年金・厚生年金保険のほか，健康保険や児童手当に関する経理も取り扱っている．年金特別会計には，基礎年金勘定，国民年金勘定，厚生年金勘定，健康勘定，子ども・子育て支援勘定，業務勘定がありそれぞれの業務に関する経理を行っている．

　「平成30年版地方財政白書」[3]によれば，地方公共団体の2016（平成28）年度の歳出決算額において，民生費の目的別内訳は，児童福祉行政に要する経費である児童福祉費が民生費総額の31.0％，障がい者等の福祉対策や他の福祉に分類できない総合的な福祉対策に要する経費である社会福祉費が同じく27.2％，老人福祉費が同23.6％，生活保護費が同15.2％，非常災害による罹災者に対して行われる応急救助，緊急措置に要する経費等の災害救助費が3.1％である．

　地方自治体でも社会福祉施策実施に関して特別会計が設けられている．たとえば，介護保険制度では介護保険特別会計が市町村に設けられている．

　被保険者・事業主は租税とは別に保険料負担を行っている．事業主負担の例として，子ども・子育て拠出金がある．この拠出金は事業主の全額負担で厚生年金保険料とともに事業主（私学教職員・公務員の場合は特別の規定がある）から徴収される（「子ども・子育て支援法」第69条第1項）．拠出金率は，2018（平成30）年度は0.29％に改正される．

　国や地方自治体は，特別会計において保険料収入のほか一般財源から繰り入れを行う．年金では積立金の運用収入も少なくない．厚生年金保険・国民年金の積立金の管理・運用は年金積立金管理運用独立行政法人（GPIF）が行っている．

　前述のように，独立行政法人福祉医療機構は社会福祉事業施設及び病院・診療所等の設置等に必要な資金の融通を行っている（「独立行政法人福祉医療

機構法」第3条第1項).

第2節　社会福祉の機関

1. 福祉事務所

　「社会福祉法」第14条第1項は「都道府県及び市（特別区を含む（略））は、条例で、福祉に関する事務所を設置しなければならない」と定める．同条第3項は「町村は、条例で、その区域を所管区域とする福祉に関する事務所を設置することができる」とする．

　都道府県が設置する福祉事務所は、「生活保護法」「児童福祉法」「母子及び父子並びに寡婦福祉法」に定める援護・育成の措置に関する事務で都道府県が処理することとされているものである（同条第5項）．市町村（含・特別区）の設置する福祉に関する事務所は、都道府県と同じ「生活保護法」「児童福祉法」「母子及び父子並びに寡婦福祉法」のほか、「老人福祉法」「身体障害者福祉法」「知的障害者福祉法」に定める援護・育成・更生の措置に関する事務で市町村が処理することとされているものである（同条第6項）．

　なお、都道府県、市及び福祉事務所を設置する町村には社会福祉主事が置かれる（「社会福祉法」第18条第1項）．福祉事務所を設置しない町村は、社会福祉主事を置くことができる（同条第2項）．社会福祉主事は「都道府県知事又は市町村長の補助機関である職員」であり「年齢二十年以上の者であって、人格が高潔で、思慮が円熟し、社会福祉の増進に熱意」がある一定の者から任用される（同法第19条第1項）．

2. 身体障害者更生相談所・知的障害者更生相談所

　都道府県は、身体障害者更生相談所・知的障害者更生相談所を設けなければならない．政令指定都市は任意設置である．これら相談所は、市町村の援護（知的障がいの場合は更生援護）の実施に関し、市町村相互間の連絡及び調

整，市町村に対する情報の提供その他必要な援助などを行う．身体障害者更生相談所には身体障害者福祉司，知的障害者更生相談所には知的障害者福祉司が置かれる．

3. 児童相談所

「児童福祉法」第12条第1項によれば都道府県は，児童相談所を設置しなければならない．主要な業務として，①各市町村の区域を超えた広域的な見地から，実情の把握に努めること，②児童に関する家庭その他からの相談のうち，専門的な知識及び技術を必要とするものに応ずること，③児童及びその家庭につき，必要な調査並びに医学的，心理学的，教育学的，社会学的及び精神保健上の判定を行うこと，④児童及びその保護者につき，調査または判定に基づいて心理または児童の健康及び心身の発達に関する専門的な知識及び技術を必要とする指導その他必要な指導を行うこと，⑤児童の一時保護を行うこと，⑥里親に関する一定の業務を行うこと，などがある．

4. 保健所

「地域保健法」第6条によれば，保健所は次のような事項の企画・調整・指導及びこれらに必要な事業を行う．すなわち，①地域保健に関する思想の普及及び向上に関する事項，②人口動態統計その他地域保健に係る統計に関する事項，③栄養の改善及び食品衛生に関する事項，④住宅，水道，下水道，廃棄物の処理，清掃その他の環境の衛生に関する事項，⑤医事及び薬事に関する事項，⑥保健師に関する事項，⑦公共医療事業の向上及び増進に関する事項，⑧母性及び乳幼児並びに老人の保健に関する事項，⑨歯科保健に関する事項，⑩精神保健に関する事項，⑪治療方法が確立していない疾病その他の特殊の疾病により長期に療養を必要とする者の保健に関する事項，⑫エイズ，結核，性病，伝染病その他の疾病の予防に関する事項，⑬衛生上の試験及び検査に関する事項，⑭その他地域住民の健康の保持及び増進に関する事項である．

図4-1 社会福祉の実施体制の概要

出所）『平成29年版厚生労働白書』（資料編）日経印刷，2017年，p.194

5. 婦人相談所

「売春防止法」第34条第3項によれば，「婦人相談所は，性行又は環境に照して売春を行うおそれのある女子（以下「要保護女子」という）の保護更生に関する事項について，主として次に掲げる業務を行うものとする」とされ，その第1号では「要保護女子に関する各般の問題につき，相談に応ずること」，第2号は「要保護女子及びその家庭につき，必要な調査並びに医学的，心理学的及び職能的判定を行い，並びにこれらに付随して必要な指導を行うこと」，第3号は「要保護女子の一時保護を行うこと」をそれぞれ規定している．

なお「配偶者からの暴力の防止及び被害者の保護等に関する法律」第3条は「都道府県は，当該都道府県が設置する婦人相談所その他の適切な施設において，当該各施設が配偶者暴力相談支援センターとしての機能を果たすようにするものとする」と定めている．婦人相談所は，配偶者暴力相談支援センターとしての役割が大きくなっている．

第3節　社会福祉の施設

1. 各種の社会福祉施設

社会福祉施設は時代の流れの中，多くの種別に分かれた．代表的なものとして，児童福祉施設では，保育所や認定こども園，高齢者施設では特別養護老人ホームや介護老人保健施設，障害者施設では障害福祉サービス事業所，障害者支援施設などがあるが，社会福祉施設を広義で考えると多種多様である．

厚生労働省の「平成28年社会福祉施設等調査の概況」によれば，社会福祉施設等は2016（平成28）年10月1日現在，保護施設293，老人福祉施設5,291，障害者支援施設等5,778，身体障害者社会参加支援施設309，婦人保

表 4-1 施設の種類別にみた施設数・定員　　各年 10 月 1 日現在

	平成 25 年 (2013)	平成 26 年 (2014)	平成 27 年 (2015)	平成 28 年 (2016)	対前年 増減数	対前年 増減率 (%)
			施　設　数			
総数	58,613	61,307	66,213	70,101	3,888	5.9
保護施設	292	291	292	293	1	0.3
老人福祉施設	5,308	5,334	5,327	5,291	△ 36	△ 0.7
障害者支援施設等	6,099	5,951	5,874	5,778	△ 96	△ 1.6
身体障害者社会参加支援施設	322	322	322	309	△ 13	△ 4.0
婦人保護施設	48	47	47	47	0	0.0
児童福祉施設等	33,938	34,462	37,139	38,808	1,669	4.5
（再掲）保育所等[2]	24,076	24,509	25,580	26,265	685	2.7
母子・父子福祉施設	60	59	58	56	△ 2	△ 3.4
その他の社会福祉施設等	12,546	14,841	17,154	19,519	2,365	13.8
（再掲）有料老人ホーム（サービス付き高齢者向け住宅以外）	8,502	9,632	10,651	12,570	1,919	18.0
			定　員（人）[1]			
総数	3,191,622	3,317,478	3,551,311	3,719,236	167,925	4.7
保護施設	19,365	19,250	19,558	19,616	58	0.3
老人福祉施設	157,034	157,922	158,025	157,895	△ 130	△ 0.1
障害者支援施設等[3]	202,964	197,867	195,298	192,762	△ 2,536	△ 1.3
身体障害者社会参加支援施設	360	360	360	360	0	0.0
婦人保護施設	1,340	1,270	1,270	1,270	0	0.0
児童福祉施設等[4]	2,381,444	2,434,381	2,599,480	2,692,975	93,495	3.6
（再掲）保育所等[2]	2,290,932	2,339,029	2,481,970	2,557,133	75,163	3.0
母子・父子福祉施設	…	…	…	…	…	…
その他の社会福祉施設等	429,115	506,428	577,320	654,358	77,038	13.3
（再掲）有料老人ホーム（サービス付き高齢者向け住宅以外）	350,990	391,144	424,828	482,792	57,964	13.6

1) 定員は，定員について調査を実施した施設のみ，集計している．
2) 保育所等は，幼保連携型認定こども園，保育所型認定こども園及び保育所である．
3) 障害者支援施設等のうち障害者支援施設の定員は入所者分のみである．
4) 児童福祉施設等の定員には母子生活支援施設を含まない．
出所）厚生労働省ホームページ「平成 28 年社会福祉施設等調査の概況」https://www.mhlw.go.jp/toukei/saikin/hw/fukushi/16/index.html 社会福祉施設等調査（アクセス日：2018 年 5 月 16 日）

護施設 47，児童福祉施設等 38,808，母子・父子福祉施設 56，その他の社会福祉施設等 19,519，合計 70,101 である．なお，広義の社会福祉施設でこの統計に入っていない施設もある（表4-1）．

「生活保護法」第 38 条による保護施設として，救護施設，更生施設，医療保護施設，授産施設，宿所提供施設がある．

「老人福祉法」第 5 条の 3 による老人福祉施設として，老人デイサービスセンター，老人短期入所施設，養護老人ホーム，特別養護老人ホーム，軽費老人ホーム，老人福祉センター及び老人介護支援センターがある．

なお，「介護保険法」に定める介護保険施設として，従前，介護老人福祉施設・介護老人保健施設・介護療養型医療施設の 3 種類があったが，このうち介護療養型医療施設は介護医療院など他の形態に転換することとなった．

「障害者の日常生活及び社会生活を総合的に支援するための法律」第 5 条第 11 項による障害者支援施設とは，障害者につき，施設入所支援を行うとともに，施設入所支援以外の施設障害福祉サービスを行う施設（のぞみの園など一部施設を除く）をいう．

「身体障害者福祉法」第 5 条による身体障害者社会参加支援施設として身体障害者福祉センター，補装具製作施設，盲導犬訓練施設及び視聴覚障害者情報提供施設がある．

婦人保護施設は「売春防止法」第 36 条に規定されているが，「配偶者からの暴力の防止及び被害者の保護等に関する法律」第 5 条は「都道府県は，婦人保護施設において被害者の保護を行うことができる」と定め，DV 被害者の保護施設としての色彩が強くなっている．

「児童福祉法」第 7 条第 1 項による児童福祉施設として，助産施設，乳児院，母子生活支援施設，保育所，幼保連携型認定こども園，児童厚生施設，児童養護施設，障害児入所施設，児童発達支援センター，児童心理治療施設，児童自立支援施設及び児童家庭支援センターがある．

「母子及び父子並びに寡婦福祉法」第 39 条による母子・父子福祉施設として，母子・父子福祉センター，母子・父子休養ホームがある．

2. 社会福祉施設の設備・人員等

社会福祉施設には設備・人員等に一定の基準が設けられているものがある。たとえば児童福祉施設の場合「児童福祉施設の設備及び運営に関する基準」によって，施設ごとに設備の基準，職員やその資格要件，処遇内容，評価などが規定されている[4]．

3. 近年の施設制度の改正の動向

2017（平成29）年度末が設置期限となっていた介護療養病床は，経過措置期間が6年間延長され，その期間に転換することとなった．介護療養型医療施設は改正前の「介護保険法」第8条第26項に規定されていた介護保険施設で「療養病床等を有する病院又は診療所であって，当該療養病床等に入院する要介護者に対し，施設サービス計画に基づいて，療養上の管理，看護，医学的管理の下における介護その他の世話及び機能訓練その他必要な医療を行うことを目的とする施設」とされていた．2017（平成29）年に「地域包括ケアシステムの強化のための介護保険法等の一部を改正する法律」により「介護保険法」第8条第29項がつけ加えられた．介護医療院とは「要介護者であって，主として長期にわたり療養が必要である者（略）に対し，施設サービス計画に基づいて，療養上の管理，看護，医学的管理の下における介護及び機能訓練その他必要な医療並びに日常生活上の世話を行うことを目的とする施設として，第107条第1項の都道府県知事の許可を受けたもの」である．

注
1) 国家公務員・地方公務員・私立学校教職員について民間事業所の健康保険に相当する共済組合短期給付等を所管している．
2) 独立行政法人とは「独立行政法人通則法」第2条第1項によれば「国民生活及び社会経済の安定等の公共上の見地から確実に実施されることが必要な事務及び事業であって，国が自ら主体となって直接に実施する必要のないもの」の

うち，民間の主体に委ねた場合には必ずしも実施されないおそれがあるものや1つの主体に独占して行わせることが必要であるものを「効果的かつ効率的に行わせるため，中期目標管理法人，国立研究開発法人又は行政執行法人として，この法律及び個別法の定めるところにより設立される法人」である.
3) 総務省監修『平成30年版地方財政白書』日経印刷，2018年，pp.53-54.
4) ハード部分についての定めのほかに，養育などソフト部分についた定めもある．たとえば，児童養護施設であれば「児童養護施設運営指針」によって養育・支援の内容と運営に関する指針が規定されている.

参考文献
磯部文雄・府川哲夫編著『概説福祉行財政と福祉計画（改訂版）』ミネルヴァ書房，2017年
井村圭壯・相澤讓治編著『社会福祉の基本と課題』勁草書房，2015年
社会福祉士養成講座編集委員会編『福祉行財政と福祉計画（第5版）』中央法規，2017年
杉岡直人編『福祉行財政と福祉計画（第2版）』みらい，2016年
厚生労働省「平成28年社会福祉施設等調査の概況」https://www.mhlw.go.jp/toukei/saikin/hw/fukushi/16/index.html 社会福祉施設等調査（アクセス日：2018年5月16日）
厚生労働省監修『平成29年版厚生労働白書』日経印刷，2017年

第5章　社会福祉の民間活動

第1節　社会福祉の民間活動とは

　「社会福祉法」の第4条は,「地域住民,社会福祉を目的とする事業を経営する者及び社会福祉に関する活動を行う者は,相互に協力し,福祉サービスを必要とする地域住民が地域社会を構成する一員として日常生活を営み,社会,経済,文化その他あらゆる分野の活動に参加する機会が与えられるように,地域福祉の推進に努めなければならない」と規定する.このように,同じ地域社会にさまざまな形で属する人や組織が,それぞれが主体的意識をもちながら他者と地域にアプローチしていくことが期待されている.

　人は誰しもが赤ん坊として生まれ,育ちゆく中で障がいや病気になる可能性も,また貧困に陥る可能性も,犯罪や災害に巻き込まれる可能性も孕んでいる.そして誰しもが寿命を全うすれば,高齢者となり死んでいく.このように考えると,あらゆるステージにおいて社会福祉は一部の人にかかわるものではなく,すべての人が「我が事」と捉えることができる.そのように人々が考えられる社会が構築されることにより,社会福祉は現在の課題のみならず未来に対しての視点をもつことができるであろう.

　そもそも現代社会における社会福祉に関する諸制度や人権に関する考え方は,国家というものが成立したときから存在したのだろうか.否である.そこに困難を抱えた人がいたとき,彼らに対し腰を屈め視線を合わせ,手を差し伸べた先人たちがいる.そして大きく手を振り上げてその存在を示し,必要な制度や思想を世に訴えたのである.その歩みの積み重ねが,現在の社会福祉の基盤となったといえる.このような視点に立って考えてみると,社会

福祉における民間活動は過去も現在も重要な役割をもっている．

第2節　社会福祉の民間活動の内容

　民間活動は，個人で行うものから組織で行うものまで幅広く，制度化されたものと比較してすべてを把握することは不可能といえる．個人で行っているものでは，ソーシャルアクションを視野に入れたものではない，いわゆる昔ながらの「お節介」で目の前の事象に寄り添っている人も多く存在していることも，私たちは知っている．本節では，社会福祉の民間活動として主に説明されるものについて整理する．

1. ボランティア活動

　社会福祉ニーズを満たすための民間活動としてベースとなるものである．ボランティアの活動分野は幅広いが，全国社会福祉協議会が2014（平成26）年に実施した「全国ボランティア活動実態調査」によると，「高齢者の福祉活動」が44.1％と最も多く，「障害者の福祉活動」，「自治会・町内会・民生委員・児童委員・地区社協等の活動」，「まちづくりなどに関する活動」，「地域の美化・環境保全に関する活動」が多くなっている．

　「国民の社会福祉に関する活動への参加の促進を図るための措置に関する基本的な指針」（平成5年厚生省告示）において，ボランティア等の福祉活動について以下のように示されている．①活動の自主性，自発性及び創造性が最大限に尊重されなければならない．②支援策が国民の自己実現や社会参加への意欲に沿い，これらに寄与するよう行われなければならない．③公的サービスでは対応しがたい福祉需要について柔軟かつ多様なサービスを提供することが期待される．

　これをみても国が公的サービスでは対応がむずかしいものの存在を認め，それに対して民間の力を期待していることがわかる．ただしボランティアが，行政の単なる下請けや安価な労働力とみなされることがないよう，ボランテ

ィアの受け手，担い手の双方が意識をもたなければならない．

　わが国における「ボランティア元年」は，阪神・淡路大震災が発生した1995（平成7）年といわれている．当時戦後最悪であったこの大災害に対し行政や社会福祉協議会も支援活動を実施したが，サービスの「公平性」を求められる組織・機関にあっては，迅速な対応がむずかしい局面も多々発生した．そこに全国から集まったボランティアが細やかな対応で行政を補完し，時には行政に提言しつつ支援にあたった姿が広く国民の知るところとなり，以後，ボランティアは社会になくてはならない存在として認知されることになった．その年の12月，災害対策基本法改正時に，ボランティアによる防災活動に関する規定が追加された（第8条第2項）．これが日本の法律に「ボランティア」という言葉が記された初めてのものである．

　ボランティア活動の性格として一般的に「自発性（主体性）」「社会性（連帯性）」「無償性（無給性）」等が挙げられるが，ボランティアについての定義についてはさまざまな論議があり，定まってはいない．これは社会のさまざまな事象にさまざまな立場から柔軟にアプローチしていく上で，あまり厳密に定めることは望ましくないという見方が考えられる．交通費や食費などの実費，あるいは薄謝をボランティアをされる側が支払う「有償ボランティア」と呼ばれるものがあるが，これは「無償性」に反するものではないかという意見がある．ただこれについては，1993（平成5）年に中央社会福祉審議会が「受け手と担い手との対等な関係を保ちながら謝意や経費を認め合うことは，ボランティアの本来の目的から外れるものではない」と認めている．

2．NPO活動

　社会福祉の民間活動を組織的に支える仕組みの1つである．上記1995（平成7）年1月に発生した「阪神・淡路大震災」ではボランティアなどの任意団体の活躍が注目され，社会的認知は高まった．しかし法人格をもたない任意団体では，銀行の口座開設や拠点となる部屋を契約することも個人名義とならざるを得なかったので，安定した活動を継続することが困難であった．

そこで民間による活動の拡充を図っていく必要性が訴えられ，任意団体であっても公益寄与することを目的とするものの法人化を認めることを内容として1998（平成10）年12月に「特定非営利活動促進法（NPO法）」が施行された．法人数は52,855にのぼり（2018（平成30）年6月末現在），社会のさまざまなニーズにこたえるべく活動しており，最も多い活動分野は「保健，医療または福祉の増進を図る活動」である．

抱える課題として，「人材の確保や教育」次いで「収入源の多様化」を挙げる法人が多いが，これはボランティアでも共通した課題でもある．組織の基盤は人材であり，継続的にアプローチすべき社会福祉の事象があった場合，計画的に組織として実施した方が民間活動は今後ますますその存在意義を増してくるであろう．

3. 民生委員・児童委員

地域の社会福祉における民間活動として代表的な立場ものとして民生委員・児童委員の制度がある．民生委員は児童委員を兼ねるため民生児童委員と称されることもあるが，それぞれ民生委員は「民生委員法」，児童委員は「児童福祉法」に規定されている．地域住民の中から社会福祉の向上に熱意と信望がある人が，町会・自治会等の推薦などによって，市町村の民生委員推薦会が都道府県知事に推薦する．都道府県知事は地方社会福祉審議会の意見も踏まえて候補者を厚生労働大臣に推薦する．それを受けた厚生労働大臣が民生委員として委嘱する．民生委員は厚生労働大臣から委嘱される非常勤特別職の地方公務員であるが，給与は支給されない行政委嘱ボランティアの位置づけとなる．任期は3年である．

民生委員は市区町村におかれ，「社会奉仕の精神をもつて，常に住民の立場に立つて相談に応じ，及び必要な援助を行い，もつて社会福祉の増進に努める（「民生委員法」第1条）」ことが役割である．具体的には次の5つである．

①住民の生活状態を必要に応じ適切に把握しておくこと．

②援助を必要とする者がその有する能力に応じ自立した日常生活を営むことができるように生活に関する相談に応じ，助言その他の援助を行うこと．
③援助を必要とする者が福祉サービスを適切に利用するために必要な情報の提供その他の援助を行うこと．
④社会福祉を目的とする事業を経営する者または社会福祉に関する活動を行う者と密接に連携し，その事業または活動を支援すること．
⑤福祉事務所その他の関係行政機関の業務に協力すること．その他必要に応じて，住民の福祉の増進を図るための活動を行うこと，である．

　これらのことを地域の実情に合わせて実施していくためには，熱意と知識だけでは難しく，自らが地域のフォーマル・インフォーマルな社会資源とつながった存在でなければならない．2017（平成29）年3月31日現在の委嘱者総数は230,739人で，その男女比率は男性39.6%，女性60.4%であり女性の方が多い．活動は要支援者への家庭訪問だけでなく，町会やPTA，それらを含んだ地域活動への積極的な参加から，情報の把握と共有を目指している．東日本大震災以後は，地域における災害時要援護者の把握と支援についても期待されている．

4. 保護司

　罪を犯した人の社会復帰を，民間の立場から支援するのが保護司である．罪を犯した人のライフヒストリーを辿ると，「貧困」「無知」「疾病（これは高齢含む）」などといった，いわゆる福祉的支援を必要とする要素が示されることが珍しくない．保護司は「保護司法」と「更生保護法」に規定され，法務大臣から委嘱される非常勤の国家公務員であり，地域住民の中から信望の厚い人が委嘱されている．民生委員同様に給与は支給されず，交通費などの実費のみ支給される行政委嘱ボランティアの位置づけとなる．任期は2年である．保護司は区域を定める保護区に配置され，「社会奉仕の精神をもって，犯罪をした者及び非行のある少年の改善更生を助けるとともに，犯罪の

予防のため世論の啓発に努め，もって地域社会の浄化をはかり，個人及び公共の福祉に寄与すること（「保護司法」第1条）」を使命としている．

たとえば2017（平成29）年の新受刑者約20,500人のうち，入所時の知能検査で知能指数69以下の人が約4,200人（約20％）を占めるなど，明らかに何らかの支援が必要な人の存在が意識される．しかしながら彼らの多くは，さまざまな福祉サービスや居住先，就労先の確保がなされないまま出所するので，地域での生活基盤が脆弱な結果，再び罪を犯してしまうケースが多くなっている．罪を犯した人が法による償いを終えて戻る場は，地域社会である．ソーシャルインクルージョンの潮流のもと，犯罪を犯した者への支援は地域社会の理解と協力なくしては機能しない．それを円滑調整する役割の一翼を，保護司は担っているのである．次の4つが保護司の具体的な職務である．

① 犯罪をした者及び非行のある少年の改善更生を助けまたは犯罪の予防を図るための啓発及び宣伝の活動
② 犯罪をした者及び非行のある少年の改善更生を助けまたは犯罪の予防を図るための民間団体の活動への協力
③ 犯罪の予防に寄与する地方公共団体の施策への協力
④ その他犯罪をした者及び非行のある少年の改善更生を助けまたは犯罪の予防を図ることに資する活動で法務省令で定めるもの，である．

2018（平成30）年1月1日現在の委嘱者総数は47,641人で，その男女比率は男性73.8％，女性26.2％であり男性の方が多い．平均年齢は65.1歳であり，高齢化が一番の課題である．罪を犯す人の背景もさまざまであることを考えると，地域のさまざまな立場や年齢層の人が委嘱されることが望ましい．

5. 社会福祉協議会

社会福祉の民間活動をバックアップする組織である．「社会福祉法」第

109条から第111条に規定されている．社会福祉法人として運営される機関であるが，行政機関とも密接な関係を保持しながら地域福祉のコーディネーター的存在を担う．

　市区町村単位では①社会福祉を目的とする事業の企画及び実施，②社会福祉に関する活動への住民の参加のための援助，③社会福祉を目的とする事業に関する調査・普及・宣伝・連絡調整及び助成その他の事業を地域に即した形で実施することにより，地域福祉の推進を図っている．災害が発生したときは「災害ボランティアセンター」を開設し，ボランティアの受け手と担い手のマッチングを行う．同時に被災地の社会福祉協議会に対しては，同時に全国のネットワークを活用して他地域から職員を派遣する体制が築かれている．

　都道府県単位では，各市町村を通ずる広域的な見地から行うことが適切なものや，社会福祉を目的とする事業に従事する者の養成及び研修，経営に関する指導及び助言，また市町村社会福祉協議会の相互の連絡及び事業の調整を行っている．地域住民の多くが「会員」となって組織を支えていくことが理想であろう．

第3節　社会福祉の民間活動の課題

　たとえば日本における児童養護施設の先がけとなる「岡山孤児院」を開設した石井十次は，「児童福祉の父」と呼ばれているが，彼は制度のあるなしにかかわらず，そこに涙を流す子どもたちがいるという事実に向き合っている．社会福祉は，多くの彼のような民間活動により積み上げられてきたが，昨今「人間関係が希薄化している」と叫ばれて久しい．その理由としては「都市化の進行」であり，「職住分離の拡大」であり，「家族の崩壊」であり，「ライフスタイルの多様化」などが語られている．しかしながら「人間関係が濃密」であった時代が一体いつだったのか，誰か示しただろうか．

　否である．人と人，人と社会の関係性やつながり方は，時代とともに変化

していく．であるならば，現代の価値観に沿う形で社会福祉の民間活動は進めなければならない．現代はあらゆる分野でのコラボレーションが進んでおり，もはや社会福祉も例外ではない．これは単に業種を超えてのつながりのみを意味するものではなく，あらゆる人々が「我が事」として社会福祉とつながれるような環境を整備することである．そのために欠かせないことが，地域における福祉教育であろう．学校教育の現場では，地域の社会福祉協議会等が車いす体験や高齢者疑似体験，妊婦疑似体験などを行っている．また地域の在住する外国人コミュニティとの交流などから異文化を感じる機会もある．児童・生徒たちはそれらの学びを通して，社会はさまざまな人たちで構成されていることを知ることができる．同時に児童・生徒自身にも，社会的存在としての自覚をもたせることも重要である．また社会全体に対する働きかけも重要であり，それぞれの地域の実情に即した形での福祉教育が求められる．スポーツや芸術活動に取り組む団体や商店街，または地域の企業などさまざまな立場の人を巻き込みながら福祉を通したまちづくりを考えてみるのも有効であろう．

　その際課題となるものが，全体を鳥瞰しながらコーディネートする人材の存在である．社会福祉の民間活動は，自主的自発的なものが期待されるが，そのための「気づき」の機会を示す人材が地域に存在していることが望ましい．現在は社会福祉協議会がその役割の一端を担っているが，コラボレーションできる社会資源の発掘をあらゆる場で求めていきたい．

参考文献
雨宮孝子・小谷直道・和田敏明『ボランティア・NPO』中央法規，2008年
井村圭壯・相澤譲治編著『社会福祉の基本と課題』勁草書房，2015年
井村圭壯・相澤譲治編著『地域福祉の原理と方法（第2版）』学文社，2014年
川村匡由編『ボランティア論』，ミネルヴァ書房，2006年
内閣府『平成29年度市民の社会貢献に関する実態調査』2018年
内閣府『平成29年度特定非営利活動法人に関する実態調査』2018年

第 6 章　社会福祉従事者

第 1 節　社会福祉従事者の現状と資格制度

1. 社会福祉従事者の現状

　日本の社会福祉は戦後から今日まで，法律，制度，サービス体系の「ハード面」で大きく発展を遂げてきた．その発展を根底から支えてきたのは，社会福祉従事者である．福祉は対人援助の仕事で援助する者（福祉マンパワー）の存在があってはじめて成り立つもので，福祉の「ソフト面」を支える人材の存在は不可欠である．総務省統計局の「労働力調査」によると，社会保険・社会福祉・介護事業に従事する社会福祉従事者数は，2017（平成 29）年で 411 万人となっている [1]．業種別にみると，社会福祉行政機関，社会福祉施設，社会福祉協議会，その他関連機関や事業所で従事しており，職種も社会福祉の専門資格をもつ者に限らず，医師や看護師，保健師，助産師，栄養士，調理員など専門領域が異なる多様な人材が社会福祉に従事している．

　このように，多くの人材で社会福祉は支えられてきたが，現在，日本の社会福祉はその人材面で深刻な問題に直面している．それは，社会福祉従事者のなり手が不足していることである．特に介護分野の介護職員と保育分野の保育士の人材確保に困難な状況が続いている．介護分野では，厚生労働省の推計によると，団塊の世代の人たちがすべて 75 歳以上となる 2025（平成 37）年までに約 253 万人の介護人材が必要との需要見込みに対し，人材確保が可能な供給見込みは約 215 万人で，約 38 万人の人材不足が予測されている [2]．しかし，日本介護福祉士養成施設協会の調べでは 2017（平成 29）年 4

月現在,介護福祉士を養成する大学などの介護福祉士養成施設（396課程,総定員15,891人）の定員充足率が45.7％となっており,多くの養成施設で定員割れの状態にあるという[3].

同様に保育士は少子化の傾向にある一方で,共働き家庭の増加に伴う保育ニーズの増大で待機児童問題を抱えていることに加え,保育サービスの多機能化や子育て支援を必要とする家庭の増加もあり人材が必要な状況が続いている.

なり手不足の背景としては,福祉職の離職率の高さや給与などの処遇の問題,最近では一般職の求人が好調であることなどが要因と考えられている.

この現状に対し国は,2007（平成19）年に定めた「社会福祉法」第89条に基づく「社会福祉事業に従事する者の確保を図るための措置に関する基本的な指針（福祉人材確保指針）」を,2016（平成28）年にさらに改正し,指針の対象範囲の拡大と福祉人材センターの機能強化を打ち出して,人材確保に取り組んでいるところである.

2. 社会福祉従事者の資格制度

日本の社会福祉における専門職の資格及び養成の歴史はそれほど古くない.戦後,「日本国憲法」が制定され,各種の福祉法が整備されていく中で社会福祉の専門職は,任用資格としての保母資格と社会福祉主事が存在していた程度で,社会福祉独自の専門職の創設に向けた議論もされたが実現には至らなかった.

社会福祉専門職としての資格制度が体系化されはじめたのは,急速に進行する高齢化によって福祉ニーズの増大と多様化が問題視され,社会福祉の専門的な対応の必要性がより高まった1987（昭和62）年に,「社会福祉士及び介護福祉士法」が制定されたことで,国家資格としての社会福祉士と介護福祉士が誕生してからである.これに伴い,その養成課程や資格取得のルートが定められ,養成施設として大学や短期大学,専門学校などが急速に増えていくことで,同時に資格をもつ社会福祉の従事者も増えていった.その後,

第1節　社会福祉従事者の現状と資格制度

表6−1　社会福祉の国家資格

資　格	職　務	職　場
社会福祉士	専門的知識及び技術をもって，身体上若しくは精神上の障害があること又は環境上の理由により日常生活を営むのに支障がある者の福祉に関する相談に応じ，助言，指導，福祉サービスを提供する者又は医師その他の保健医療サービスを提供する者その他の関係者（中略）との連絡及び調整その他の援助を行う（「社会福祉士及び介護福祉士法」第2条）	特別養護老人ホーム（介護老人福祉施設），介護老人保健施設，地域包括支援センター，行政機関，医療機関，社会福祉協議会など
介護福祉士	専門的知識及び技術をもって，身体上又は精神上の障害があることにより日常生活を営むのに支障がある者につき心身の状況に応じた介護（喀痰吸引その他のその者が日常生活を営むのに必要な行為であって，医師の指示の下に行われるもの（厚生労働省令で定めるものに限る）を含む）を行い，並びにその者及びその介護者に対して介護に関する指導を行う（「社会福祉士及び介護福祉士法」第2条第2項）	特別養護老人ホーム（介護老人福祉施設），介護老人保健施設，障害者支援施設など
精神保健福祉士	精神障害者の保健及び福祉に関する専門的知識及び技術をもって精神科病院その他の医療施設において精神障害の医療を受け，又は精神障害者の社会復帰の促進を図ることを目的とする施設を利用している者の地域相談支援の利用に関する相談その他の社会復帰に関する相談に応じ，助言，指導，日常生活への適応のために必要な訓練その他の援助を行う（「精神保健福祉士法」第2条）	精神科病院などの医療機関，心療内科，保健所，障害者福祉サービス事業所，精神保健福祉センターなど
保育士	専門的知識及び技術をもって，児童の保育及び児童の保護者に対する保育に関する指導を行う（「児童福祉法」第18条の4）	保育所，乳児院，児童養護施設，障害児入所施設，子育て支援センター，児童相談所の一時保護所など

1997（平成9）年に「精神保健福祉士法」が制定されたことにより精神保健福祉士が，2001（平成13）年には「児童福祉法」が改正されて保育士がそれぞれ国家資格に位置づけられ，現在，社会福祉分野には4種の国家資格（いずれも名称独占資格）がある．これらの国家資格には，それぞれの根拠法に

よって，その職務に法的義務と法による保護が与えられている．4種の国家資格の職務内容などを表6-1にまとめる．

　社会福祉の専門職の資格については，国家資格以外にも任用資格と認定資格が存在する．任用資格は，法律で定められている要件を満たした上，実際にその仕事に就いたときに名乗ることのできる資格である．社会福祉主事，児童福祉司，児童指導員，児童の遊びを指導する者，児童自立支援専門員，児童生活支援員，母子支援員，母子・父子自立支援員，身体障害者福祉司，身体障害者相談員，知的障害者福祉司，知的障害者相談員がこれにあたる．福祉行政を担う機関や社会福祉施設の中には，これらの任用資格をもつ者を必置しなければならいと定めているものもある．一方，認定資格は，その根拠となる法律はなく，都道府県などが実施する養成講習や認定試験を受け，一定水準に達した者に資格が与えられるもので，介護支援専門員（ケアマネジャー）や訪問介護員（ホームヘルパー），放課後児童支援員の資格がこれにあたる．

第2節　社会福祉従事者の専門性と倫理

1. 社会福祉従事者の専門性

　日本の社会福祉は，長らく民間の慈善事業家や宗教家，篤志家といった非専門職によって担われてきた．戦後，「日本国憲法」に社会福祉が明記され，法律や制度が整備されていく中で，社会福祉の専門職に関する議論も行われたが，資格制度の創設には至らず，資格をもたない従事者によって担われてきた．しかし，やはり主要なところでは，専門職のもつ専門性が不可欠である．人々が抱える福祉ニーズが複雑・多様化し，対応困難なケースも増えてきている中で，より高い専門性のもと良質な福祉サービスの提供が求められている．それは，社会福祉が対象とする問題が，本人やその家族の自助努力や責任では解決困難な生活上の福祉的問題に対して，専門的な知識や技術を

活用し，解決または緩和を可能とする働きかけをするところに，社会からの求めがあるためといえる．

専門性については，1980年代後半，資格制度の法制化の必要性が叫ばれ，検討が進められる中で，同時に社会福祉専門職の「専門性とは何か」についての議論も盛んに行われた．しかし，秋山智久が指摘するように，社会福祉専門職の専門性に関する研究は種々の角度から行われたこともあって[4]，諸見解が存在し，統一的な見解の一致には至っていない．

ここでは，社会福祉の三大要素といわれる「知識・技術・価値」の3要素から専門性について述べる．

知識には，基礎知識と専門知識があり，基礎知識は専門知識と専門技術の土台となるもので，社会福祉に関連する領域の知識と一般教養がこれにあたる．

専門知識とは，①各種の社会福祉問題とその当事者についての知識，②社会学，心理学，医学などクライエント（福祉サービスの利用者）及びその環境や問題構造を正確に理解，分析するための知識，③社会福祉や社会保障などの各種制度，その他公私の社会資源，援助技術の方法と効果などサービスを提供する際に必要となる知識が挙げられている[5]．

技術は，援助場面で活用される体系化された専門技術で，専門知識を実際の援助場面で発揮するための種々の方法や技術を指し，社会福祉ではその総体をソーシャルワーク（社会福祉援助技術）という．また，介護技術や保育技術をケアワークという．

価値は，社会福祉従事者が「目指すべき理想，信念であり，人や社会をどのように見るべきかという人間観，社会観を表したもの」[6]で，社会福祉従事者のもつ専門知識や専門技術が，つまりは社会福祉そのものが「誰の，何のために行われるのか？」「何を目指し，何を大切にするのか？」を明らかにする援助活動の指針を示すものである．また，価値は「倫理綱領」という規範によって，社会福祉従事者の行為や態度，援助活動を正す役割ももっている．

社会福祉従事者に期待される専門性は，日々高まり続けている．そのため，どのように専門性を高めていくかという視点も大切である．

社会福祉の事業者には，職員に対し職場内外での研修やスーパービジョン，コンサルテーションの機会を設けるなど，職員の資質向上のための取り組みが課せられている．また，社会福祉従事者にも自ら主体的に専門性の向上を図る自己研鑽に向けた取り組みが求められている．

研修については，各専門職の職能団体がキャリアパスを含めた研修制度をつくることで専門性の形成を図っており，社会福祉士には認定制度による「認定社会福祉士」と「認定上級社会福祉士」が，同じく精神保健福祉士には「研修認定精神保健福祉士」「認定精神保健福祉士」が，介護福祉士にはキャリア段位制度による「認定介護福祉士」が新たに創設された．

また，社会福祉従事者の専門性の向上には，養成課程の段階から一定の水準を課し，専門性を高めていくという方法もある．近年では，4種の国家資格ともカリキュラムの見直しが行われ，より高い専門性の修得が図られた．

これまで社会福祉従事者の専門性について述べてきたが，福祉は人と人との関係性によって成り立つもので，援助者の人間性が与える影響も少なくない．そのため，援助者も一人間としての自己研鑽が必要であり，高い専門性の土台には豊かな人間性があることを忘れてはならない．

2. 社会福祉従事者の倫理

2016（平成28）年7月，神奈川県相模原市の障害者支援施設において，この施設の元職員が入所者と職員を殺傷するという事件が発生した．本来ならば入所者の生命と人権を護る立場にあったはずの元職員が，恣意的で，偏見に満ちた思想により，障がい者の人権と存在を否定するような残忍な事件を引き起こしたことは，福祉関係者のみならず，社会に大きな衝撃を与えた．この事例は，あくまでも極端なものではあるが，いま一度社会福祉従事者の倫理性を考えさせるものであった．

社会福祉の専門職に限らず，医師や弁護士など専門職には，必ずその職種

内で守るべき行動規範としての倫理綱領が存在する．それは，専門職といわれる職種の多くが人間を対象とするもので，人の生命や人権，生活や健康，人生，財産，将来などに深くかかわるとともに，公共の利益につながる影響力をもつためである．自らの使命と職責，態度，目指す理念，存在価値を行動規範という形で明示し遵守することにより，専門職として社会からの信用を得る目的もある．専門職にとって倫理綱領が明文化されていることは，専門職を専門職たらしめる一つの要件でもある．

　ここでは，社会福祉士の倫理綱領を概観し，社会福祉従事者の倫理について述べるが，社会福祉実践に従事するさまざまな職種においても，同様の倫理が求められるものと捉えていただきたい．「社会福祉士の倫理綱領」の前文では，「われわれ社会福祉士は，すべての人が人間としての尊厳を有し，価値ある存在であり，平等であることを深く認識する．われわれは平和を擁護し，人権と社会正義の原理に則り，サービス利用者本位の質の高い福祉サービスの開発と提供に努めることによって，社会福祉の推進とサービス利用者の自己実現をめざす専門職であることを言明する」という宣誓の言葉が示されている．この前文に基づき「価値と原則」及び「倫理基準」が定められている．「価値と原則」は，社会福祉士の職務であるソーシャルワークの基本となる思想や理念を「①人間の尊厳」「②社会正義」「③貢献」「④誠実」「⑤専門的力量」の5つで表している．「倫理基準」は「①利用者に対する倫理責任」「②実践現場における倫理責任」「③社会に対する倫理責任」「④専門職としての倫理責任」の4つの領域から倫理責任の内容を具体的に規定している．そして，この「倫理基準」に基づき社会福祉士が社会福祉実践において従うべき「行動規範」が詳細に示されている．

　倫理綱領は，日々の社会福祉実践のあらゆる場面で，社会福祉従事者のあるべき基本的姿勢と適切な判断や行為，援助活動の指針となり，倫理責任が果たされるよう遵守されるものである．

第3節　保健・医療関係分野の専門職との連携

　保健・医療・福祉の3分野に共通する目的は，国民の「健康で文化的な生活の営み」を保障し，可能とすることである．特に，乳幼児，妊産婦，高齢者，障がい者，病人，生活困窮者などは保健的・医療的な問題を抱えていることが多く，または抱えやすい人たちである．保健的・医療的な問題は生活の中で発生する問題であり，これらの人たちは社会福祉が主として対象としてきた人たちでもある．これまで社会福祉は，保健・医療分野と連携を図りながら，彼らの生活を援助・支援してきた．

　社会福祉実践においてその連携が強くなったのは，高齢化社会に入ってからである．高齢化の進行とともに社会福祉施設の種別や施設数が増え，さらに福祉ニーズが複雑・多様化してくると，施設の中に保健・医療分野の専門職の必要性が高まり，専門職者の数が増えていった．現在では，高齢者の施設に限らず，医師，看護師，保健師，理学療法士，作業療法士などに代表される多くの保健・医療分野の専門職が社会福祉実践に携わっており，同じ社会福祉従事者として日常的なかかわりをもって連携を図ってきている．その意味で，社会福祉実践は混合職種の特性をもつという見方もできるだろう．

　また，その連携は広がりをみせてきている．今後も高齢者が増加する予測のもと（特に75歳以上の後期高齢者），医療分野では在宅医療の推進が強化され，福祉分野では在宅福祉や地域福祉サービスの充実が図られようとしている．2011（平成23）年の介護保険制度の改正では，地域包括ケアの推進が掲げられ，2014（平成26）年の改正で，住まい・医療・介護・予防・生活支援が一体的に提供される地域包括ケアシステムの構築が示された．これにより，高齢者の安心・安全・健康で自立した日常生活が，住み慣れた自宅や地域で可能となる新たな支え合いの仕組みが築かれた．その地域での支え合いのコーディネートを「地域包括支援センター」の保健師・社会福祉士・主任介護支援専門員の3専門職者が1つのチームを形成し担っていくこととなった．

同様の仕組みはすでに子どもの分野にも応用され，妊娠期から子育て期にわたるまで保健・医療・福祉・教育などの切れ目のないきめ細やかな支援を提供する「子育て世代包括支援センター」が創設され，保健師・助産師・社会福祉士などの専門職が配置されている．

　これらの動向にみるように，保健・医療・福祉分野の専門職の連携はより密接さを強めてきている．地域の中でともに協働して社会福祉実践を行い，地域住民とともに地域の特性に応じた独自の仕組みや実践の方法を構築していくことが求められ，同時にそれは，新たな社会福祉の実践知と専門性が形成されてくることにつながるだろう．

　これからの社会福祉従事者には，それぞれの専門性の発揮だけでなく，他の領域の専門職との協働の中で新たな専門性をつくりあげていく力が必要とされる．

注
1) 総務省統計局「労働力調査」(2017年)を政府統計の総合窓口 (e-Stat) より引用．
2) 厚生労働省発表「2025年に向けた介護人材にかかる需給推計（確定値）について」2015 (平成27) 年6月24日．
3) 公益社団法人日本介護福祉士養成施設協会「介養協 News 速報 29 No.1（通巻23）」2017 (平成29) 年7月19日．
4) 秋山智久『社会福祉実践論——方法原理・専門職・価値観』ミネルヴァ書房，2000年，p.206.
5) 成清美治・加納光子編『現代社会福祉用語の基礎知識（第12版）』学文社，2015年，p.240.
6) 日本社会福祉学会事典編集委員会編『社会福祉学事典』丸善出版，2014年，p.174.

参考文献
秋山智久『社会福祉専門職の研究』ミネルヴァ書房，2007年
伊藤良高ほか『子ども家庭福祉のフロンティア』晃洋書房，2015年
岩崎晋也ほか編『社会福祉研究のフロンティア』有斐閣，2014年
厚生労働統計協会編『国民の福祉と介護の動向 2017/2018』厚生労働統計協会，
　　2017年
小林育子・一瀬早百合『社会福祉と私たちの生活』萌文書林，2016年
社会福祉の動向編集委員会『社会福祉の動向 2018』中央法規，2017年

第7章　社会福祉における相談援助

第1節　相談援助の意義と原則

1. 相談援助の意義

（1）　相談援助が必要とされる社会的背景

　人間は，さまざまなジレンマを抱えながら生きている存在である．そのジレンマは，多くの場合，社会関係との摩擦の中で生じている．その摩擦に対し，独力で乗り切ることができるほど強い人間ばかりではない．また，その摩擦は人間の強さをも弱めてしまうほど強力な圧力をもってのしかかってくることもある．社会状況が変動する中で，個人や家族が生活していく上で抱える困難の質も多様化している．相談援助活動は，その多様かつ複雑化する個人や家族のニーズをとらえ，社会資源との調整を図りながら，生活のしづらさをできるかぎり緩和していこうとしている．

（2）　相談援助の価値と倫理

　社会福祉における相談援助を展開するとき，実践のために用いられる方法はソーシャルワーク（social work）の体系である．したがって，相談援助ではソーシャルワークの価値や倫理がその実践基盤となる．知識や技術もさることながら，実践の質はこの価値と倫理に左右されるといってもよいだろう．相談援助は，援助者の人間性とその人がもつ洞察力や共感性が対象者に大きな影響を及ぼすからである．このため黒川昭登は，援助者はまず自分自身を向上させ，自己を適切に動かすことができなければならない[1]，としている．

(3) ソーシャルワークのグローバル定義

国際ソーシャルワーカー連盟（IFSW）は，2014（平成26）年に開催された総会において，ソーシャルワーク専門職のグローバル定義を採択している．わが国では，「ソーシャルワークは，社会変革と社会開発，社会的結束，および人々のエンパワメントと解放を促進する，実践に基づいた専門職であり学問である．社会正義，人権，集団的責任，および多様性尊重の諸原理は，ソーシャルワークの中核をなす．ソーシャルワークの理論，社会科学，人文学，および地域・民族固有の知を基盤として，ソーシャルワークは，生活課題に取り組みウェルビーイングを高めるよう，人々やさまざまな構造に働きかける」と訳される．ソーシャルワークは，人と環境が相互に影響し合う中で生じる生活課題にアプローチして問題解決を図ろうとする援助行動であり，人と環境を理解するための手がかりとなるさまざまな領域の知識と技術を必要としているのである．

2. 相談援助の原則

相談援助の原則として，バイスティック（Biestek, F. P.）が挙げた，援助者とクライエントが専門的援助関係を形成するために求められる7つの態度が知られている．わが国では，「バイスティックの原則」と呼ばれる．ここには，援助者としてどうあるべきかという基本的指針が示されている．クライエントのニーズから導き出される援助者の態度をわかりやすくまとめたものであり，わが国では，新訳版と旧訳版がある．括弧内は旧訳を示している．①クライエントを個人として捉える（個別化の原則），②クライエントの感情表現を大切にする（意図的な感情表出の原則），③援助者は自分の感情を自覚して吟味する（統制された情緒的関与の原則），④クライエントを受けとめる（受容の原則），⑤クライエントを一方的に非難しない（非審判的態度の原則），⑥クライエントの自己決定を促して尊重する（クライエントの自己決定の原則），⑦秘密を保持して信頼感を醸成する（秘密保持の原則），がそれである．

これらは相互に関連し合っており，個人の尊厳を大切にする相談援助の理

念から編まれたものである．相談援助は，援助関係が核となり展開していくものである．それは，かけがえのない人間として尊重されるクライエントを見つめるまなざしからはじまる．

第2節　相談援助の方法と技術

1. 社会福祉における相談援助の対象

　社会福祉における相談援助の対象となるのは，「生活課題」と呼ばれるものである．生活課題は，生活を送る中で抱える困りごとや生きづらさの根源となる．それでも何とか生活していけることもあるが，生活が立ち行かなくなってしまい追い詰められることもある．相談することのできる人が身近にいれば救いになることもあるが，そうした人もみつからない場合，さらに追い詰められるか，社会的孤立を招くこともある．子育てや介護の悩み，長期入院による家計の維持困難，失職により激変する生活など，現代社会において，生活課題の現れ方はさまざまである．このような状況に巻き込まれたとき，自らの意志と能力，周りの人々のサポートで乗り越えることができる人もいるが，そのようなすべをもたない人もいる．また，生活課題に対する〝問題〟としての認識は，個人によって大きく異なっている．

　近年，地域を基盤として展開される総合的かつ包括的な相談援助が必要とされている．その背景には，従来の社会福祉六法を基本とした縦割りの仕組みでは対応しきれない新たな生活課題が相談援助の対象となってきたことがある．

　相談援助では，人がどのような環境に身を置いており，その中でそのような状況に巻き込まれていったのかを理解することが不可欠である．つまり，生活課題を解決するためには「人」と「環境」，そして両者が与え合う「影響」，そこに生じる「関係性」に目を向けた援助が必要となる．

2. 相談援助の展開過程

(1) 援助の開始期（インテーク）

クライエントの訴えに耳を傾ける初期対応の段階であり，援助者がクライエントと出会う援助の出発点である．クライエントが何に悩み，何に困っているのか，それがどのような状況の中で起こってきたものなのか，丁寧に聴き取っていかねばならない．援助者がどのような対応をしたかによって，援助関係の質に影響を及ぼすことになるからである．この段階で，当該機関・施設で対応しきれない事案だと判断できる場合は，他の専門機関・施設に対応を引き継ぐこともある．

(2) 情報の収集・整理と生活課題の分析（アセスメント）

クライエントが抱える生活課題が生じる背景を明らかにすることにより，より実情に合った援助となる．家族状況や生活状況，社会関係などについて，より正確な情報が必要である．情報は，整理・分析されることにより，現実と実態に応じた援助計画の作成につながる．

(3) 援助計画の作成（プランニング）

アセスメントにしたがって援助計画を作成していく段階である．新たな情報が必要になることがあるため，アセスメントと並行しながら，援助計画の練り直しが求められることもある．援助計画は，大きく長期・中期・短期に区分され，長期の目標を達成するためには，中期目標，さらにはより達成しやすい短期目標を設定する．

(4) 援助計画の実施（インターベンション）

援助計画に基づいて，援助活動を実行する．援助活動には，クライエントに対して直接働きかける方法と，社会資源を用いて間接的に働きかける方法がある．クライエントが抱える困りごとや生きづらさの性質は多様であり，

その内容や背景にある事柄は同じではない．クライエントがその生活課題をどのように受けとめているのかを理解する姿勢が欠かせない．援助者が課題だと認識していても，クライエント本人にとっては課題とされるのは心外なことかもしれない．クライエントの思いや考えを丁寧に聴き取り，その上で，適切な援助方法を選択するという共同作業が必要である．

(5) 援助の経過観察とフォローアップ（モニタリング）

実施された援助活動をふりかえりながら，援助活動実施後，クライエント自身や家族状況，生活状況がどのように変化したかについて適宜観察し，援助活動の効果について評価する．この段階では，経過を観察しながらの評価となるため，アセスメントやプランニングの段階に一旦立ち戻って援助計画を修正し，改めて援助を展開することも考えられる．

(6) 事後評価（エバリュエーション）と援助の終結（ターミネーション）

援助活動を通して得られた状況の変化，援助内容の適切さや効果などから，組織的に検討・評価が行われる．その結果，おおむね生活状況が改善され，クライエントの心身の安定が確認でき，残された課題もクライエント自身で対応することが可能だと判断できた場合，援助の終結を迎える．ただし，晴れやかな気持ちで終結を迎えるケースばかりではない．クライエントの転居や死亡により，援助を終えることもある．また，困難なケースの場合は，他機関への送致により終結へと至ることもある．

3. 社会福祉における相談援助で用いられるさまざまな技術

(1) 援助者がクライエントと直接対面することにより実践が展開される方法

直接クライエントにかかわる援助者のあり方そのものが，血の通った意味ある実践活動につながるといっても，過言ではないだろう．そうした点にお

いて，クライエントと直接対面する方法は，相談援助の中核に位置づけられる技術だといえる．

この方法には，個人や家族をひとつのケースとして捉えてアプローチする「個別援助（ケースワーク）」，グループ内の相互作用を活用して個人の内面的成長を図ろうとする「集団援助（グループワーク）」がある．これらは，クライエントが本来備えている意欲や能力に対する信頼に基づき，面接や，グループダイナミックスを活用したプログラム活動を通して実践される．援助者のコミュニケーションスキル及び洞察が援助活動の質にかかわるため，援助者には，自らの態度，行動，発言などの表現手段がクライエントにどのような影響を与えているか，弛まず省みる姿勢が求められる．

(2) クライエントを取り巻く環境を調整することで間接的に援助する方法

社会福祉における相談援助の特性は，クライエントと，クライエントを取り巻く環境を調整することで，困りごとや生きづらさの根源となっている状況を改善していこうとするところにある．必要であれば，その地域に不足している社会資源を開発することもある．

こうした方法には，地域の課題を住民が自ら主体的に解決していくことができるよう支援する「地域援助（コミュニティワーク）」がある．またその他にも，クライエントや地域の実態や，そのニーズを把握するための方法である「社会福祉調査法（ソーシャルワーク・リサーチ）」，福祉ニーズを充足するために必要な計画を策定する方法としての「社会福祉計画法（ソーシャル・プランニング）」，福祉行政に働きかけて制度・政策・サービスの改善や整備を求める行動を起こす「社会活動法（ソーシャル・アクション）」，社会福祉施設や機関における人員・施設の整備や，サービスの質的向上に向けた管理・運営の取り組みなどにかかわる「社会福祉運営管理法（ソーシャル・アドミニストレーション）」，がある．

(3) 関連する隣接領域の技術

　援助活動の中で，面接技術の担う役割は大きい．このため，援助関係の形成という点において，心理的なアプローチにより自己洞察を促す「カウンセリング」の技術を援助者は修得しておきたい．また，「スーパービジョン」は，経験の浅い援助者がより熟練した援助者から助言・指導を得ることを通して，専門性の向上や自己覚知につなげていこうとするものである．この方法は，援助者を精神的に支えることをも目的としている．「コンサルテーション」は他の領域の専門家から助言・指導を得る方法である．そのほか，地域での生活を支えるために，迅速かつ適切に複数のサービスを組み合わせて提供する「ケアマネジメント」，組織内における多職種の協働や関係機関・施設との連携を図るための方法である「チームワーク」「ネットワーキング」がある．これら関連する隣接領域の技術を，状況に応じて適宜活用することによって，援助活動をより効果的に展開することができるのである．

注
1) 黒川昭登『臨床ケースワークの診断と治療』誠信書房，1996年，p.319.

参考文献
空閑浩人編著『新・基礎からの社会福祉2　ソーシャルワーク』ミネルヴァ書房，2015年
武田建・津田耕一『ソーシャルワークとは何か──バイステックの7原則と社会福祉援助技術』誠信書房，2016年
成清美治・真鍋顕久編著『家庭支援論・保育相談支援』学文社，2017年
バイスティック，F. P. 著，尾崎新・福田俊子・原田和幸訳『(新訳版) ケースワークの原則──援助関係を形成する技法』誠信書房，1996年
バイスティック，F. P. 著，田代不二男・村越芳男訳『ケースワークの原則──よりよき援助を与えるために』誠信書房，1965年

第8章　社会福祉における利用者の保護にかかわる仕組み

第1節　情報提供と第三者評価

1．情報提供

(1) 情報提供の必要性

　社会福祉の考え方を大きく転換した「社会福祉基礎構造改革」により，福祉サービスの利用について，それまでの「措置制度」から「契約制度」へと大きく変化した．具体的には，福祉サービスを必要とする人とサービスを提供する事業者との対等な関係に基づいて，福祉サービスを必要とする人が福祉サービスを選び，それを提供する事業者と契約をし，福祉サービスを利用する形となった．

　「契約制度」においては，福祉サービスを必要とする人が福祉サービスを選択する際の判断材料が必要になる．その判断材料となるものが福祉サービスを提供する事業者等によって提供される福祉サービスについての情報である．

　「社会福祉法」第75条では情報提供について「社会福祉事業の経営者は，福祉サービス（中略）を利用しようとする者が，適切かつ円滑にこれを利用することができるように，その経営する社会福祉事業に関し情報の提供を行うよう努めなければならない」としている．また，「国及び地方公共団体は，福祉サービスを利用しようとする者が必要な情報を容易に得られるように，必要な措置を講ずるよう努めなければならない」としている．

　情報提供の方法としては，チラシやパンフレット，行政広報物などのほか

にインターネットを活用した情報提供が行われている．福祉サービスを必要とする人が情報を得やすいように工夫されている．一方で，福祉ニーズをもつ人々は，福祉サービスに関する情報にアクセスすることがさまざまな理由から困難になる傾向もみられる．福祉サービスを必要とするすべての人が情報を得るよう配慮が必要である．

(2) サービス内容の説明と同意

「契約制度」においては，福祉サービスを提供する事業者等によって提供される福祉サービスの情報をもとに，福祉サービスを利用しようとする人がサービス選択し，利用を申し込み，サービスの利用が決定することになる．この際，福祉サービスを提供する事業者によるサービス内容の説明と福祉サービスを利用しようとする人の同意は欠かすことができない重要な事項である．

「社会福祉法」第76条において，「社会福祉事業の経営者は，その提供する福祉サービスの利用を希望する者からの申込みがあつた場合には，その者に対し，当該福祉サービスを利用するための契約の内容及びその履行に関する事項について説明するよう努めなければならない」と利用契約の申込み時の説明を福祉サービス事業者に求めている．

また，「社会福祉法」第77条において，「社会福祉事業の経営者は，福祉サービスを利用するための契約（厚生労働省令で定めるものを除く）が成立したときは，その利用者に対し，遅滞なく，次に掲げる事項を記載した書面を交付しなければならない」と利用契約の成立時の書面の交付を福祉サービス事業者に求めている．書面に記載しなければならないのは，「当該社会福祉事業の経営者の名称及び主たる事務所の所在地」「当該社会福祉事業の経営者が提供する福祉サービスの内容」「当該福祉サービスの提供につき利用者が支払うべき額に関する事項」「その他厚生労働省令で定める事項」である．

2. 第三者評価

(1) 第三者評価の必要性

　先に述べたとおり，福祉サービスを利用しようとする人は，福祉サービスを提供する事業者等によって提供される福祉サービスの情報をもとにサービス選択し，利用を申し込み，利用が決定することになる．さまざまな方法で情報を取得することができるが，その得られた情報が福祉サービスを利用する人にとって良質で適切なものでなければならないことはいうまでもない．

　「社会福祉法」第78条第1項では，「社会福祉事業の経営者は，自らその提供する福祉サービスの質の評価を行うことその他の措置を講ずることにより，常に福祉サービスを受ける者の立場に立つて良質かつ適切な福祉サービスを提供するよう努めなければならない」とし，福祉サービス事業者や福祉サービス利用者以外による公正・中立な立場の第三者機関による専門的かつ客観的な評価による福祉サービスの質の向上のための措置等を求めている．

　また，第2項では「国は，社会福祉事業の経営者が行う福祉サービスの質の向上のための措置を援助するために，福祉サービスの質の公正かつ適切な評価の実施に資するための措置を講ずるよう努めなければならない」こととされており，福祉サービス第三者事業の普及促進等は，国の責務であるとされている．

(2) 第三者評価事業

　福祉サービスの第三者評価を行う事業は「福祉サービス第三者評価事業に関する指針」により実施されている．

　指針によると第三者評価事業の目的として，「個々の事業者が事業運営における問題点を把握し，サービスの質の向上に結びつけることを目的とするものである」こと「福祉サービス第三者評価を受けた結果が公表されることにより，結果として利用者の適切なサービス選択に資するための情報となる」ことの2つが挙げられている．

福祉サービスの第三者評価事業は，積極的に受審することが望ましいものであるとされるが，社会福祉事業の経営者が任意で第三者評価を受ける仕組みである．しかし，乳児院や児童養護施設などの社会的養護関係施設については，子どもが施設を選ぶ仕組みではない措置制度等であり，また，施設長による親権代行等の規定があるほか，被虐待児が増加していること等により，施設運営の質の向上が必要であるため，「児童福祉施設の設備及び運営に関する基準」において，「自らその行う業務の質の評価を行うとともに，定期的に外部の者による評価を受けて，それらの結果を公表し，常にその改善を図らなければならない」旨を定め，第三者評価の受審及び自己評価並びにそれらの結果の公表を義務づけている．

第2節　利用者の権利擁護と苦情解決

1. 権利擁護

(1) 権利擁護の必要性

福祉サービスの利用が措置制度から契約制度に転換する中で，十分な判断能力をもたない高齢者や障がい者等の意向や利益を擁護し，必要な福祉サービスの利用を支援するための仕組みが必要となった．高齢者や障がい者等の権利擁護のために成年後見制度及び日常生活自立支援事業が実施されている．また，虐待防止についての取り組みも権利擁護のために欠かすことができない取り組みである．

(2) 成年後見制度

成年後見制度は，認知症，知的障がい，精神障がいなどによって判断能力が不十分であるために法律行為における意思決定が不十分または困難な人について，その判断能力を補い，保護し支援する制度である．成年後見制度は，法定後見制度と任意後見制度の2つに分けることができる．

法定後見制度は，「後見」「保佐」「補助」の3つに分かれており，判断能力の程度など本人の事情に応じて制度を選べるようになっている．家庭裁判所によって選ばれた成年後見人等（成年後見人・保佐人・補助人）が，本人の利益を考えながら，本人を代理して契約などの法律行為をしたり，本人が自分で法律行為をするときに同意を与えたり，本人が同意を得ないでした不利益な法律行為を後から取り消したりすることによって本人を保護・支援するものである．

任意後見制度とは，本人が十分な判断能力があるうちに，将来，判断能力が不十分な状態になった場合に備えて，あらかじめ自らが選んだ代理人（任意後見受任者，任意後見開始後は任意後見人となる）に，自分の生活，療養看護や財産管理に関する事務について代理権を与える契約（任意後見契約）を公証人が作成する公正証書で結び，本人の判断能力が低下した後に，任意後見契約で決めた事務について，家庭裁判所により「任意後見監督人」が選任されると任意後見受任者が任意後見人となり，任意後見監督人の監督のもと本人を代理して契約などをすることによって，本人の意思にしたがった適切な保護・支援をするものである．

なお，成年後見制度は判断能力の不十分な人を保護し，支援する重要な手段であるにもかかわらず十分に利用されていないことから，2016（平成28）年に「成年後見制度の利用の促進に関する法律」が公布・施行された．2018（平成30）年には，厚生労働省に成年後見制度利用促進室が設置された．

(3) 日常生活自立支援事業

日常生活自立支援事業とは，認知症高齢者，知的障がい者，精神障がい者等のうち判断能力が不十分な方が地域において自立した生活が送れるよう，利用者との契約に基づき，福祉サービスの利用援助等を行うものである．実施主体は都道府県社会福祉協議会または指定都市社会福祉協議会である．

(4) 虐待の防止

児童虐待の防止については，児童虐待問題に総合的に対応するために「児童虐待の防止等に関する法律」が制定されている．この法律は，「児童虐待が児童の人権を著しく侵害し，その心身の成長及び人格の形成に重大な影響を与えるとともに，我が国における将来の世代の育成にも懸念を及ぼすことにかんがみ，児童に対する虐待の禁止，児童虐待の予防及び早期発見その他の児童虐待の防止に関する国及び地方公共団体の責務，児童虐待を受けた児童の保護及び自立の支援のための措置等を定めることにより，児童虐待の防止等に関する施策を促進し，もって児童の権利利益の擁護に資することを目的とする」ものである．

また，「児童福祉法」において，被措置児童等虐待の防止に関する事項が規定されている．

高齢者虐待の防止については，「高齢者虐待の防止，高齢者の養護者に対する支援等に関する法律」が制定されている．この法律は，「高齢者に対する虐待が深刻な状況にあり，高齢者の尊厳の保持にとって高齢者に対する虐待を防止することが極めて重要であること等にかんがみ，高齢者虐待の防止等に関する国等の責務，高齢者虐待を受けた高齢者に対する保護のための措置，養護者の負担の軽減を図ること等の養護者に対する養護者による高齢者虐待の防止に資する支援のための措置等を定めることにより，高齢者虐待の防止，養護者に対する支援等に関する施策を促進し，もって高齢者の権利利益の擁護に資することを目的とする」ものである．

障がい者の虐待防止については，「障害者虐待の防止，障害者の養護者に対する支援等に関する法律」が制定されている．この法律は，「障害者に対する虐待が障害者の尊厳を害するものであり，障害者の自立及び社会参加にとって障害者に対する虐待を防止することが極めて重要であること等に鑑み，障害者に対する虐待の禁止，障害者虐待の予防及び早期発見その他の障害者虐待の防止等に関する国等の責務，障害者虐待を受けた障害者に対する保護及び自立の支援のための措置，養護者の負担の軽減を図ること等の養護者に

対する養護者による障害者虐待の防止に資する支援のための措置等を定めることにより，障害者虐待の防止，養護者に対する支援等に関する施策を促進し，もって障害者の権利利益の擁護に資することを目的とする」ものである．

2. 苦情解決

(1) 苦情解決の必要性

「契約制度」における福祉サービスの利用にあたり，利用契約の締結や履行，解除に関して，また援助の内容などについて，福祉サービスを利用する人からの「苦情」が生じることがある．

苦情を解決することは，福祉サービスを利用する人の満足度を高め，また権利を擁護することにもなる．さらに福祉サービスの質の向上にもつながるものである．

(2) 苦情解決の仕組み

「社会福祉法」では，社会福祉事業の経営者による苦情解決と，「運営適正化委員会」による苦情解決の2つを提示している．

「社会福祉法」第82条では，社会福祉事業の経営者による苦情の解決について，「社会福祉事業の経営者は，常に，その提供する福祉サービスについて，利用者等からの苦情の適切な解決に努めなければならない」としている．福祉サービスを提供する経営者が自ら苦情解決に積極的に取り組む際の参考として，苦情解決の体制や手順等について「社会福祉事業の経営者による福祉サービスに関する苦情解決の仕組みの指針」が作成されている．指針では「苦情解決の仕組みの目的」について，「自ら提供するサービスから生じた苦情について，自ら適切な対応を行うことは，社会福祉事業の経営者の重要な責務である」，「このような認識に立てば，苦情への適切な対応は，自ら提供する福祉サービスの検証・改善や利用者の満足感の向上，虐待防止・権利擁護の取組の強化など，福祉サービスの質の向上に寄与するものであり，こうした対応の積み重ねが社会福祉事業を経営する者の社会的信頼性の向上にも

つながる」とし，また，「苦情を密室化せず，社会性や客観性を確保し，一定のルールに沿った方法で解決を進めることにより，円滑・円満な解決の促進や事業者の信頼や適正性の確保を図ることが重要である」と示されている．

「社会福祉法」第83条では，運営適正化委員会について，「都道府県の区域内において，福祉サービス利用援助事業の適正な運営を確保するとともに，福祉サービスに関する利用者等からの苦情を適切に解決するため，都道府県社会福祉協議会に，人格が高潔であつて，社会福祉に関する識見を有し，かつ，社会福祉，法律又は医療に関し学識経験を有する者で構成される運営適正化委員会を置くものとする」としている．円滑な事業実施が図られるよう「運営適正化委員会における福祉サービスに関する苦情解決事業実施要綱」を定め，実施目的を「運営適正化委員会における福祉サービスに関する苦情解決事業は，福祉サービスに関する利用者等からの苦情を適切に解決するため，助言，相談，調査若しくはあっせん又は都道府県知事への通知を行うことにより，福祉サービスの適切な利用又は提供を支援するとともに，福祉サービスの利用者の権利を擁護すること」としている．

参考文献
大橋謙策・白澤政和編著『現代社会と福祉』ミネルヴァ書房，2014年
厚生労働統計協会編『国民の福祉と介護の動向2017／2018』厚生労働統計協会，2017年
永田祐ほか編著『よくわかる権利擁護と成年後見制度』ミネルヴァ書房，2017年

第9章　子ども家庭福祉

第1節　子ども家庭福祉とは

　子ども家庭福祉とは，子どもの健やかな成長と発達を支えるために，現在子どもが置かれているさまざまな状況を理解して課題を明らかにするとともに，子どもが育つ基盤である家庭の安定とニーズの充足を支える社会的な支援を構築して，すべての子どもの幸せを社会全体で支えようとするものである．

　近年，子どもが虐待されたり，子どもの貧困問題が顕在化したりといった子どもを取り巻く厳しい環境を目の当たりにする機会が多くなった．2017（平成29）年度における児童相談所での児童虐待相談対応件数は133,778件と10年前に比べて約3倍，子どもの相対的貧困率は13.9％とおよそ7人に1人の子どもが貧困な状況下に置かれている．

　わが国には，子どもの権利と福祉を守るための法律や政策は多くある．その根幹をなす「児童福祉法」には，その第1条に「全て児童は，児童の権利に関する条約の精神にのつとり，適切に養育されること，その生活を保障されること，愛され，保護されること，その心身の健やかな成長及び発達並びにその自立が図られることその他の福祉を等しく保障される権利を有する」とある．つまり，すべての児童が①適切に養育され，②生活を保障され，③愛され，保護されるのであって，児童虐待や貧困に苦しむ子どもが少なからず存在するので，その解消に向けた努力が求められる．

　一方で，子どもの健やかな育ちには，親をはじめとする保護者の置かれている状況が安定していることが必要である．そのためには保護者の心身の健

康や就労を支える社会的な支援が十分に機能しなければならない．

本章では，子どもの幸せ（福祉）を図るために求められるさまざまな社会制度などを理解し，「子どもの最善の利益」とは何かを追求するとともに，子どもを取り巻くさまざまな環境のうち，とりわけ子どもが育つ基盤である子育て家庭の生活の安定を支える仕組みについて理解したい．

第2節　子ども家庭福祉の内容

1．子どもの権利擁護

　子どもであっても大人と同様の人権を有していることはいうまでもない．また歴史を振り返ると第一次世界大戦で多くの子どもが犠牲になった反省から「児童の権利に関するジュネーブ宣言」（1924年）が国際連盟で採択されたのに続き，第二次世界大戦後には「児童の権利宣言」（1959年）が国際連合で採択された．その「児童の権利宣言」において「児童は，身体的及び精神的に未熟であるため，その出生の前後において，適当な法的保護を含む特別な保護及び世話を必要とする」として児童には大人と同様の権利のほか，児童特有の権利が必要であることを明文化した．その後，1989（平成元）年11月20日の国連総会において「児童の権利に関する条約」（以下，児童の権利条約）が採択され，日本は1994（平成6）年に批准した．児童の権利条約は前文と54カ条からなり，子どもに，①生きる権利，②守られる権利，③育つ権利，④参加する権利があることを明記している．

　一方，わが国においては戦後間もない1947（昭和22）年に「児童福祉法」が制定された．この法律において児童の権利や国・地方公共団体の責務について規定した（「児童福祉法」の総則は2016（平成28）年に大幅に改正された）が，戦後の混乱も相まって子どもが権利の主体であることが十分に国民に浸透しなかったこともあり，子どもは権利主体であることをメッセージとして国民に伝える必要性から1951（昭和26）年に「児童憲章」が制定された．

以下，前文と12カ条からなる児童憲章の条文であるが，ここにある一つひとつの文言は，すべての子どもに約束しているものである．したがって，保育従事者などの専門職は特にこれらのことを意識して，子どもの権利の擁護に努めるべきである．

> われらは，日本国憲法の精神にしたがい，児童に対する正しい観念を確立し，すべての児童の幸福をはかるために，この憲章を定める．
>
> 児童は，人として尊ばれる．
> 児童は，社会の一員として重んぜられる．
> 児童は，よい環境の中で育てられる．
>
> 一 すべての児童は，心身ともに健やかにうまれ，育てられ，その生活を保障される．
> 二 すべての児童は，家庭で，正しい愛情と知識と技術をもつて育てられ，家庭に恵まれない児童には，これにかわる環境が与えられる．
> 三 すべての児童は，適当な栄養と住居と被服が与えられ，また，疾病と災害からまもられる．
> 四 すべての児童は，個性と能力に応じて教育され，社会の一員としての責任を自主的に果たすように，みちびかれる．
> 五 すべての児童は，自然を愛し，科学と芸術を尊ぶように，みちびかれ，また，道徳的心情がつちかわれる．
> 六 すべての児童は，就学のみちを確保され，また，十分に整った教育の施設を用意される．
> 七 すべての児童は，職業指導を受ける機会が与えられる．
> 八 すべての児童は，その労働において，心身の発育が阻害されず，教育を受ける機会が失われず，また，児童としての生活がさまたげられないように，十分に保護される．

> 九　すべての児童は，よい遊び場と文化財を用意され，悪い環境からまもられる．
> 十　すべての児童は，虐待・酷使・放任その他不当な取扱からまもられる．あやまちをおかした児童は，適切に保護指導される．
> 十一　すべての児童は，身体が不自由な場合，または精神の機能が不充分な場合に，適切な治療と教育と保護が与えられる．
> 十二　すべての児童は，愛とまことによつて結ばれ，よい国民として人類の平和と文化に貢献するように，みちびかれる．

2. 子どもを取り巻く現状と課題

(1) 子ども虐待の現状

　先述のように，子どもには正しい愛情のもとに成長する権利があることは明白だ．だが，子どもに対する虐待が後を絶たない．2000（平成12）年に制定された「児童虐待の防止等に関する法律」（以下，「児童虐待防止法」）では，児童虐待とは何かを定義しており，①身体的虐待，②性的虐待，③ネグレクト（養育の怠慢・放棄），④心理的虐待の4つにまとめられる．これらの行為をすることは「児童虐待防止法」の第1条の条文にあるように「児童の人権を著しく侵害し，その心身の成長及び人格の形成に重大な影響を与え」，「我が国における将来の世代の育成にも懸念を及ぼす」ものであり，その発生予防と早期発見が不可欠である．

　わが国における児童虐待の件数（児童相談所での児童虐待相談対応件数）は，「児童虐待防止法」施行前の1999（平成11）年度に11,631件だったが，その後増加の一途を辿り，2015（平成27）年度に初めて10万件を超えた．相談対応件数の増加は一概に悪いこととはいえない．それはこれまで対応しきれなかったものや，児童虐待を認識しつつも通告がためらわれ，見すごされてきた児童虐待に対する国民の認識の高まりが，通告件数を増加させている一因とも考えられるからである．

児童虐待は重大な人権侵害であり，場合によっては子どもの「生きる権利」をも損ないかねない．児童虐待の早期発見のために，「児童虐待防止法」第6条では「児童虐待を受けたと思われる児童を発見した者は，速やかに，(中略) 市町村，都道府県の設置する福祉事務所若しくは児童相談所に通告しなければならない」としている．加えて保育士などの専門職には「学校，児童福祉施設，病院その他児童の福祉に業務上関係のある団体及び学校の教職員，児童福祉施設の職員，医師，保健師，弁護士その他児童の福祉に職務上関係のある者は，児童虐待を発見しやすい立場にあることを自覚し，児童虐待の早期発見に努めなければならない」(第5条) と，児童虐待の早期発見について一層の努力を求めている．

なお，「児童虐待防止法」は過去数度の改正がなされているが，2004 (平成16) 年に公布された．改正「児童虐待防止法」では配偶者間暴力 (DV) を子どもが目撃する行為が心理的虐待に位置づけた．

(2) 子どもの貧困問題

子どもに限らず，「日本国憲法」において，すべての国民に「健康で文化的な最低限度の生活」(第25条) が保障されていることはよく知られている．だが，子どもの貧困の問題が顕在化して久しい．経済協力開発機構 (OECD) 加盟国など世界34の国と地域を対象とした子どもの貧困割合 (貧困率) をみると，日本は上位3分の1程度に位置しており，そのことからも貧困問題の深刻さを理解することができる．

では，貧困問題がもたらす課題は何か．たとえば，日本は義務教育期間が小学校入学後9年間と定められているが，その期間を含めて就学を継続するためには多くの出費がある．貧困家庭には就学援助 (経済的な理由により，子どもを義務教育諸学校へ就学させることが困難な家庭に対して，給食費や学用品費など学校での学習に必要な費用を援助する事業) 等のサポートは整備されているものの，まだ不十分であるといわざるを得ない．特に義務教育終了後の進学の機会を失ったり，さまざまな体験の機会を得られなかったりと，保

護者の収入により子どもの将来が左右される現状は改善の必要性に迫られる．また，貧困を理由に適切な栄養を得られなかったり，本来学習に使いたい時間をアルバイトなどの労働に費やさざるを得なかったりし，子どもの育ちに大きな影響があることが懸念される．

そこで2013（平成25）年に制定された「子どもの貧困対策の推進に関する法律」に基づき，政府は翌2014（平成26）年「子どもの貧困対策に関する大綱」を閣議決定した．この大綱は「全ての子どもたちが夢と希望を持って成長していける社会の実現を目指して」というサブタイトルがつけられ，「子供たちの将来と我が国の未来をより一層輝かしいものとするためには，子供たちの成育環境を整備するとともに，教育を受ける機会の均等を図り，生活の支援，保護者への就労支援などとあわせて，子供の貧困対策を総合的に推進することが何よりも重要」として，貧困あるいは貧困の連鎖によって子どもたちの将来が左右されることがないような方策を講じようとしている．

(3) その他の子どもを取り巻く現状と課題

上述のように児童虐待の発生予防と早期発見は喫緊の課題であり，それらの課題には保育所や児童相談所などの行政機関，医療・福祉の専門機関や専門職の連携が欠かせない．それらの専門機関の機能強化や専門性の向上が進められている．加えて，国民に対する啓発も必要だろう．また，貧困問題にも国を挙げて取り組む姿勢が示されている．だが，子どもの抱える生活上の問題は複雑であり，虐待や貧困のほかにも多くの課題が存在する．

たとえば虐待を受けた子どもなどを養育する社会的養護には，これまでの大舎制（集団処遇）からファミリーホームや小規模グループケア，里親への養育委託など，より家庭に近い環境で子どもを養育する方向性が示されているが，その担い手が十分に確保できるか危惧される．また，近年，東日本大震災（2011年）や熊本地震（2016年），西日本豪雨（2018年）など多くの自然災害が発生し，残念ながら子どもが犠牲になることも少なくない．前述の児童憲章の三に「すべての児童は，……疾病と災害からまもられる」とある．

児童の福祉の原点は子どもの命と健やかな成長を支えることである．これら自然災害から子どもの命を守られなかったことを社会全体の課題として認識しなければならない．

このように，子どもの健全育成のためにさまざまな施策を講じているが，なおも厳しい現状があることを理解し，子どもの成長を支えるよりよい環境を常に検討していかなければならないのである．

3．子育て家庭の現状と課題

(1) 子育て家庭を支援する制度

子育て家庭を支援する制度として代表的なのは保育所等における保育であろう．2012（平成24）年には，「子ども・子育て支援法」など「子ども・子育て関連三法」が成立し，2015（平成27）年から子ども・子育て支援新制度が始まると，認定こども園制度の改善など，より保護者のニーズに即しつつ地域の実情に応じた保育を提供できるよう制度の改善が図られている．

一方，子育て家庭の重荷となるのが子育てにかかわる経済的負担感である．わが国においては子育て家庭の生活の安定に資するために児童手当が支給されるが，所得制限がある（2018（平成30）年度現在，所得制限以上の収入があっても当分の間の特例給付がある）．加えて子どもに一定の障がいがある場合の特別児童扶養手当など各種手当に関する制度があるが，子育てに関する経済的負担感は少子化対策の観点からも重要であり，今後さらなる充実が求められる．

加えて，子育て家庭の孤立化の問題など，子育て家庭の精神的な支えに関する施策もいくつかある．地域子育て支援センターや保育所等における地域の子育て家庭への相談支援などであるが，相談支援体制の充実とともに，保育士などの専門職が相談援助（ソーシャルワーク）の知識・技術を習得する必要性にも迫られよう．

(2) ひとり親家庭の現状と課題

　前述したとおり，子ども家庭福祉において，近年の大きな課題は子どもの貧困問題である．特にひとり親家庭において経済的に困窮している場合が多い．2016（平成28年）国民生活基礎調査によると，2015（平成27）年におけるわが国の相対的貧困率は15.7％で，そのうち子どもがいる現役世帯の貧困率は13.9％である．ところがひとり親家庭の貧困率は50.8％と突出して高い．その要因はいくつか考えられようが，ひとり親家庭の親が稼働していても非正規あるいはパート労働といった不安定な就労である場合が多いことなどが一因として考えられる．

　これらひとり親家庭に対する支援として，児童扶養手当などの直接的な金銭給付の制度がある一方で，ひとり親家庭の親が将来安定した雇用環境のもとで就労し，自立的な生活を営むことができるよう，「自立支援教育訓練給付金」や「高等職業訓練促進給付金等事業」など資格取得などを後押しする制度の拡充も図られている．

第3節　子ども家庭福祉の課題

　これまでみてきたように，わが国では「児童の権利に関する条約」の精神や「児童福祉法」の理念に基づいて，すべての子どもの健やかな成長を支えるべくさまざまな施策を講じている．しかしながら子どもの貧困や虐待問題に代表されるように，子どもの最善の利益をすべての子どもに保障するためには，なおも課題が多いことを改めて認識しなければならない．

　また，子どもが育つ基盤は家庭であって，その家庭が困難に陥ることで子どもの成長・発達に少なからぬ影響があることを理解できたのではないだろうか．わが国では長らく子育ては個人的な営みであるという考えが根強かった．しかし，今後少子化が進展するとわが国のあらゆる政策に大きな影響を及ぼすことは必至である．そのためにも子どもの幸せと子育て家庭の生活の安定を社会全体で保障していく仕組みを今後も追求していかなければならな

いのである．子育てには確かに経済的，肉体的，精神的な負担感が伴う．しかしそれを上回る喜びを実感できる社会を実現するため，子どもの養育責任が第一義的には保護者にあることを認めつつも，社会全体で子育てを支える意識の広がりが期待される．

参考文献
公益財団法人児童育成協会監修『基本保育シリーズ④社会福祉』中央法規，2015年
厚生労働省「平成29年度児童相談所での児童虐待相談対応件数〈速報値〉」，2017年
厚生労働省「平成28年　国民生活基礎調査」，2016年

第 10 章　高齢者保健福祉

第 1 節　高齢者保健福祉とは

　老化とは歳をとること（加齢）によって心身に生じる現象である．典型的には身体面で生じる現象を指し，出現速度には大きな個人差があるものの，徐々に進行し不可逆的で，生存や環境適応に有害なものである．

　20 世紀終わり頃より，高齢者人口の増加は一部の国々だけでなく地球規模の現象になってきた．現在，世界には 60 歳以上の人が約 6 億人いるが，2050 年までに 20 億人に達するとも予測され，途上国での急増が見込まれている．

　1991（平成 3）年の国連総会では「高齢者のための国連原則」が決議され，世界的に比重を高めている高齢者の人権保障の諸原則を確認している．これは，自国プログラムに本原則を組み入れることを奨励するもので，1999（平成 11）年の「国際高齢者年」や 2002（平成 14）年 4 月の第 2 回高齢化問題世界会議など，のちに国際的な取り組みが進められる基礎となっている．すべての高齢者が社会参加し自己の可能性を伸ばす条件を整えることは，国境を超えた 21 世紀の大きな課題の 1 つだといえる．

　この国連原則は，①自立（independence），②参加（participation），③介護（care），④自己実現（self-fulfillment），⑤尊厳（dignity）の 5 つの基本原理，及び 18 の原則を示している．

　たとえば①「自立」の問題では，「十分な食料，水，住居，衣服，医療」といった基本的権利に加え，高齢者の「退職時期の決定への参加」や「安全な環境に住むことができるべきである」などの原則がある．また，高齢者の

自己実現とは以下の内容である．

- 自己の可能性を発展させる機会を追求できるべきである．
- 社会の教育的・文化的・精神的・娯楽的資源を利用することができるべきである．

尊厳とは以下の内容である．

- 尊厳及び保障をもって，肉体的・精神的虐待から解放された生活を送ることができるべきである．
- 年齢，性別，人種，民族的背景，障がいなどにかかわらず公平に扱われ，自己の経済的貢献にかかわらず尊重されるべきである．

そして他の項目でも，高齢者が「社会の一員として，政策の立案や実施に参加」すること，どのような場所・状態でも「自己の尊厳，信念，要求，プライバシー及び自己の介護と生活の質を決定する権利」，虐待や差別を受けない，などが挙げられている．

第2節　高齢者保健福祉の内容

1．高齢者福祉対策の概要

(1) 高齢者福祉対策の変遷

「老人福祉法」が制定された1960年代から，高齢化の進展に伴い，主要な施策がおおむね10年ごとに展開され高齢者福祉対策が行われてきた．まず1960年代には，老人ホームの整備が行われた．そして，1970年代には，老人医療費無料化の実施も含め，老人福祉が拡大していった．1980年代，オイルショック・ドルショック後の緊縮財政のもと，「老人保健法」を制定し医療費無料化を改め一部自己負担を導入した．

1990年代には，ゴールドプラン（高齢者保健福祉推進10ケ年戦略）及び，

ゴールドプラン21（今後5か年間の高齢者保健福祉施策の方向）により，高齢者を対象としたサービスの整備が飛躍的に行われた．2000年代に入り，ゴールドプラン等により整備されたサービスの運営コストを捻出するため，新たな財源として社会保険方式の介護保険制度が導入された．

(2) 高齢者福祉関連の法律

高齢者福祉関連の法律として，①「老人福祉法」（1963（昭和38）年），②「高齢者医療確保法」（1982（昭和57）制定の旧「老人保健法」を改正・改題），③「高齢者雇用安定法」（1971（昭和46）年制定の「中高年齢者等の雇用の促進に関する特別措置法」が改正・改題），④生涯学習振興法（1990（平成2）年），⑤高齢社会対策基本法（1995（平成7）年），⑥介護保険法（1997（平成9）年），⑦高齢者居住法（2001（平成13）年），⑧「高齢者虐待防止法」（2005（平成17）年），⑨「バリアフリー新法」（2006（平成18）年）などがある．

2. 保健事業

高齢化に伴い，脳卒中，心臓病などの循環器疾患，がん，糖尿病などの生活習慣病が増加し，本人のQOL（Quality of Life）を低下させるだけでなく，医療費・介護費などの社会的負担も増大している．そこで，健康づくりに関する事業，疾病の早期発見・早期治療，機能訓練などにより，高齢期における健康の確保並びに社会保障費の低減を目指している．保健事業として次のようなものがある．

①健康教育（健康に関する国民の意識を高めるため，心身の健康に関する知識を普及啓発する事業），

②健康相談（個人が抱える健康上の問題，悩みに対して，本人の求めに応じ指導・助言する事業），

③健康診査（問診，臨床検査などにより，自覚症状のない段階で健康上の問題を検出，本人に結果についての情報提供をするとともに，健康指導や受診勧奨などにつなげるための事業），

表10−1　わが国の社会保障の4本柱

所得保障（生活保障）	年金保障，雇用保険，生活保護など
医療保障	社会保険方式の採用（医療保険，介護保険），公費医療など
公衆衛生及び医療	予防事業，医療供給一般，生活環境，学校保健
社会福祉	障がい者福祉，母子福祉，高齢者福祉，介護保険など

(著者作成)

④保健指導（健康診査などの結果に基づき，生活習慣改善についての助言，行動変容の支援を行う事業），

⑤健康手帳の交付（健康診査の記録などにより，自らの健康管理に資する事業），根拠となる法律に，「老人福祉法」「高齢者医療確保法」「健康増進法」「介護保険法」などがある．

3. 社会保障の概念

「日本国憲法」第25条第1項において，すべて国民は健康で文化的な最低限度の生活を営む権利を有することが規定されている．また，1950（昭和25）年の社会保障制度審議会勧告において，社会保障とは，社会保険，公的扶助，社会福祉及び公衆衛生を含む包括的概念とされた．社会保障について歴史的にみると，講（鎌倉時代に広まった民間の相互扶助組織で，経済的なもの，宗教上のものなどさまざまな種類の講がある）など社会的連帯の制度化と考えることもできる．

医療保障は，医療保険と公費負担医療からなる．

4. 医療保険

わが国の医療保険は，被用者保険，国民健康保険，後期高齢者医療制度で構成される．

(1) 被用者保険

被用者（雇われている人）及びその扶養家族が加入すべき医療保険は，①組合管掌健康保険，②全国健康保険協会管掌健康保険，③共済組合短期給付，

④船員保険，の4種類に大別される．

(2) 国民健康保険

　被用者保険の加入対象とならない人を対象とし，わが国に長期滞在する外国人も対象としている．また，国民健康保険に基づき設置し運営され，都道府県（2018（平成30）年度から都道府県も保険者となる）及び市町村が運営するものと国民健康保険組合（同じ事業や業務に従事している人で構成）が運営するものがある．

(3) 後期高齢者医療制度（長寿医療制度）

　2006（平成18）年度医療制度改革に基づき，あらたに創設された制度で2008（平成20）年度から実施されている．全国の75歳以上の者（後期高齢者）を対象とし，65歳以上75歳未満の政令で定める障がいの状態にあると認定された者も含む．当該制度の運営主体（保険者）は，都道府県ごとに組織される後期高齢者広域連合である．保険料は主に所得に基づき，後期高齢者広域連合ごとに定められる．しかし，財源に占める加入者（後期高齢者）の保険料自己負担割合が1割（現役並み所得者は3割）のため，保険制度といいがたい面がある．導入当初，後期高齢者との名称の評判がよくなかったため，「長寿医療制度」と名称が追加された．

(4) 保険料（保険税）と自己負担

　保険料（保険税）負担は制度ごとに異なるが，たとえば健康保険の場合，毎月の保険料は給与等に基づく標準報酬月額の10％程度を雇用主と折半する．また，医療機関受診時の自己負担（窓口負担）の割合は原則3割であるが，年齢により軽減措置がある．そして，1ケ月の自己負担額が世帯の所得額によって定められる上限に達した場合，それ以上の自己負担分は医療保険から支給される（限度額認定証により窓口支払を抑えることもできる）．これを高額療養費制度という．

(5) 医療費の支払い

医療保険による医療費の支払いは，国が定めた診療報酬点数表・調剤報酬点数表と薬価に基づき行われる．医療保険では支払われないサービス（保険外負担）として，特別療養環境室（いわゆる差額ベッド）や先端医療（法改正前の高度先進医療）などがある（全額自己負担）．

5. 公費負担医療

(1) 「生活保護法」による医療扶助

生活保護受給者の医療費であり自己負担はない．生活保護費の約半分は医療扶助である．

(2) 他の法律などに基づくもの

「感染症法」，「母子保健法」（養育医療），「戦傷病者特別援護法」，「予防接種法」，「児童福祉法」，「原子爆弾被爆者援護法」，「精神保健福祉法」（措置入院）その他がある．

6. 介護保険制度

現在，急速に高齢化が進んでいる．高齢化に伴い，介護を必要とする者の増加が見込まれているが，少子化・核家族化などにより，家族だけで介護を支えることは困難な状況にある．介護保険制度は，こうした状況を背景に，介護を必要とする状態になっても安心して生活が送れるよう，介護を社会全体で支えることを目的として2000（平成12）年4月からスタートした．

(1) 介護保険の仕組み

介護保険制度は，加入者が保険料を出し合い，介護の必要時に認定を受け，必要な介護サービスを利用する制度である．

介護保険の実施主体は，市町村である．

介護保険の財源構成は，加入者が支払う保険料が50％，公費（税金）が

50％となっている．たとえば居宅給付費の場合，公費負担分の50％のうち，国が25％で，都道府県と市町村が12.5％ずつとなっている（一方，施設等給付費の場合は国が20％，都道府県が17.5％，市町村が12.5％）．介護保険の加入者（被保険者）は，年齢により第1号被保険者（65歳以上）と第2号被保険者（40歳〜64歳で医療保険に加入している者）に区分される．第1号被保険者は原因を問わず要支援あるいは要介護に認定されたならば，また第2号被保険者は加齢による病気（特定疾病）により介護が必要になった場合に要介護・要支援認定を受け，それぞれの要介護・要支援状態に応じたサービスが利用できる．

保険料は，第1号被保険者は年金からの天引きによりあるいは直接保険者に納付する．第2号被保険者は，国民健康保険料（保険税）や職場の健康保険料などと一緒に納付する．保険料は所得などに応じて決まる．

(2) 介護保険で受けられるサービス

介護保険サービスは大きく分けて，施設サービスと居宅サービスに分かれる．そして，2006（平成18）年4月からは，介護予防サービスなどが新たに加わった．

施設サービスとして，介護老人福祉施設（特別養護老人ホーム）・介護老人保健施設・介護療養型医療施設（2018（平成30）年度から6年間で介護医療院などに転換）がある．

在宅（居宅）サービスとしては，たとえば次のようなものがある．自宅訪問型サービスとして，訪問介護（ホームヘルプサービス），訪問看護，訪問入浴介護，訪問リハビリテーション，居宅療養管理指導がある．日帰りで施設・事業所に通って受けるサービスとしては通所介護（デイサービス），認知症対応型通所介護，通所リハビリテーション（デイケア）がある．家庭で介護が一時的に困難になったときに施設で受けるサービスとして，短期入所生活介護，短期入所療養介護がある．地域密着型サービスとしては，認知症対応型共同生活介護（グループホーム），地域密着型特定施設入居者生活介護，

小規模多機能型居宅介護，夜間対応型訪問介護などがある．

(3) サービスを受けるときの負担

介護保険のサービスには，サービスごとに利用料金が決められている．サービスを利用したときの負担は，原則介護サービス費用の1割（一定以上の所得がある者は2割（2018（平成30）年8月からは3割も））である．その他，施設サービスを利用した場合は食費と居住費，短期入所サービスを利用したときは食費と居住費，通所サービスを利用したときは食費が自己負担となる．要介護度ごとに定められている1ケ月に利用できるサービスの上限額（支給限度額）を超えた部分の利用料は全額自己負担となる．

施設サービスを利用した場合の食費と居住費，短期入所サービスを利用したときの食費と居住費は，所得の状況に応じて負担の軽減措置があるほか，社会福祉法人の提供する介護サービスを利用する場合は，所得状況により社会福祉法人による利用者負担の減免制度がある．

世帯での1ケ月の介護サービスにかかる利用者負担額の合計が所得区分に応じた上限額を超えた場合は，負担軽減のため，超えた金額について高額介護サービス費が支給される．

(4) 介護サービス利用

介護が必要と感じて介護サービスを利用しようとするときには，所定の手続きが必要である．

第3節　高齢者保健福祉の課題

日本の高齢者人口は，2042年に3,878万人でピークを迎え，総人口が2048年に1億人を割り，2060年には8,674万人まで減少し，高齢化率が39.9％と推計されている．高齢者が歳をとるとともに心身機能が低下することを予防するニーズはますます増加していく．そして，人口減少は同時に経

済も社会保障基盤も変え，高齢者保健福祉にかかるマンパワーの相対的減少も起こる．そこで，地域リハビリテーション活動は地域高齢者の健康状態を少ないマンパワーで工夫して効率よく支えなければならない．

「高齢社会対策基本法」に基づき策定された対策の指針となる高齢社会対策大綱の改正を目指し，2011（平成23）年10月から2012（平成24）年2月にかけて，「高齢社会対策の基本的在り方等に関する検討会」が開催され，報告書がとりまとめられた．報告書の示す基本的考えは次のようなものである．①高齢者の捉え方の意識改革（65歳は高齢者か），②老後の安心を確保するための社会保障制度の確立（支え・支えられる安心社会），③高齢者パワーへの期待（社会を支える頼もしい現役シニア），④地域力の強化と安定的な地域社会の実現（互助が活きるコミュニティ），⑤安全・安心な生活環境の実現（高齢者に優しい社会はみんなに優しい），⑥若年期からの「人生90年時代」への備えと世代循環の実現（ワーク・ライフ・バランスと次世代へ承継する資産），となっている．これらには，高齢者を支援を受ける側の存在としてだけでなく，自立した社会に貢献できる存在として捉えようとする視点が強調されている．しかしこれを実現させるためには，高齢者の健康状態の維持に加え，高齢者自身そして社会の意識変革が必要とされる．そのための取り組みやピーアール等を工夫し，実現化していかねばならない．

高齢者に対する医療提供体制の将来展望としては，75歳以上の高齢者が急増する2025年までに在宅と入院を組み合わせた効率的なシステムを確立する必要があるとされている．このとき「できるだけ住み慣れた家で暮らしたい」をかなえるために，在宅医療・訪問看護・介護の充実など，地域包括ケアが実現することが望まれている．そして，急性増悪した場合は，短期間の入院により症状を改善させ，再び在宅療養に戻るというサイクルが必要である．また介護施設における医療提供のあり方について検討を進める必要もある．

参考文献

高齢者保健福祉実務研究会監修『高齢者保健福祉実務辞典』第一法規,1996年
佐々木淳『これからの医療と介護のカタチ──超高齢社会を明るい未来にする10の提言』日本医療企画,2016年
佐々木淳監修・悠翔会編『在宅医療　多職種連携ハンドブック』法研,2016年
安村誠司・甲斐一郎編『高齢者保健福祉マニュアル』南山堂,2013年

第11章　障がい者福祉

第1節　障がい者福祉とは

1. 障がい福祉の概念と対象

　障がい者は,「普通」の生活を送る権利があり,その生活を支える社会を構築しなければならない．この考えは,「ノーマライゼーション」といわれ,その思想は,社会福祉の歴史において「知的障害者の福祉施策に関して,これまでの入所施設中心の政策についての批判」[1]として捉えることもでき,北欧,北米諸国を中心に脱施設化が進行した．

　日本では,障がい者と地域で共に暮らすことを目指し,障がい特性や地域特性に配慮した制度が整備されつつある．また,1993（平成5）年に「心身障害者対策基本法」が改正され「障害者基本法」が制定された．同法では,「全ての国民が,障害の有無にかかわらず,等しく基本的人権を享有するかけがえのない個人として尊重されるものであるとの理念」により,「相互に人格と個性を尊重し合いながら共生する社会を実現する」ことを目的として,総合的な施策を推進するとされている．さらに,同法では,障がい者を「身体障害,知的障害,精神障害（発達障害を含む）その他の心身の機能の障害がある者」であり,かつ「障害及び社会的障壁により継続的に日常生活又は社会生活に相当な制限を受ける状態にあるもの」と定義している．障がい福祉の主な対象は,社会的な手続きを経て,障がい者と「判定」された方々であるが,同法の理念では,全国民を意識した内容となっている．

2. 障がいについて

「障害福祉」で使用される「害」という漢字は，一般的に否定的な意味で使われている．法律上は，「害」という漢字を使用しているものの，表現については慎重でなければならない．自治体によっては，条例において，「障がい」と表記し，あくまで「害」という漢字を使わず，「障がい」としているところも多くみられる．

一方で，「障がい」を否定的な意味合いでなく，「個性」として捉える考え方は，「障がい」を否定的には捉えず，全人格の「一部」として前向きに捉えている．

第2節　障がい者福祉の内容

1. 障がい者福祉と障害者総合支援法

障がい者福祉は，「障害者の日常生活及び社会生活を総合的に支援するための法律（障害者総合支援法）」を根拠として，サービスの整備や推進等が図られている．サービスの目的は，「障害者総合支援法」において，「障害者及び障害児が基本的人権を享有する個人としての尊厳にふさわしい日常生活又は社会生活を営む」ことであると規定されている．また「地域生活支援」を含めた総合的支援でなければならないとされている．

「障害者総合支援法」の基本理念は，障がい児・者に対して，「障害の有無によって分け隔てられることなく，相互に人格と個性を尊重し合いながら共生する社会を実現する」ことや「可能な限りその身近な場所において必要な日常生活又は社会生活を営むための支援を受けられること」，「社会参加の機会」，「どこで誰と生活するかについての選択の機会」，「地域社会において他の人々と共生すること」，「日常生活又は社会生活を営む上で障壁となるような社会における事物，制度，慣行，観念その他一切のものの除去に資するこ

と」を社会として保障すべきであると示している．

2．障害者総合支援法の概要

「障害者総合支援法は」，2013（平成25）年4月1日に，「地域社会における共生の実現に向けて」，「障害者自立支援法」を改正し，施行された．これまで，そして今現在も，その都度，細かい改正が行われている．

本法が対象とする「障がい」とは，身体障がい，知的障がい，精神障がい，発達障がい，そして，新たに難病等（治療方法が確立していない疾病その他の特殊の疾病であって政令で定めるものによる障がいの程度が厚生労働大臣が定める程度である者）が含まれた．

「障害者総合支援法」の目指すべき方向性としては，地域生活の実現が可能となるようなサービスの整備が図られ，障がいの高齢化・重度化への対応，住み慣れた地域における住まいの確保を目的とした「共同生活援助」（グループホーム）の再編が行われてきた．また，一般企業等への就労支援や定着を促進することを目的としたサービスの創設等，地域で共に生きることを目指した制度改正が繰り返されている．

3．障害福祉サービスの概要

「障害者総合支援法」では，障害福祉サービスについて規定し，サービス内容を大きく2つに分けている．

1つ目は，個々の状況を踏まえ，個別に支給決定が行われる障害福祉サービスである．このサービスは，2種類に分けられ，介護サービスの場合は「介護給付」，就労に向けて訓練等のサービスを受ける場合は「訓練等給付」に分けられ，利用者の支援内容や目的，個々の状況に合わせて，サービスの内容，有効期限等の詳細が決定される．

一方，2つ目のサービスは，各自治体の特性や創意工夫によって柔軟に行われる「地域生活支援事業」である．このサービスでは，実施している内容等，個々の自治体によって違いがみられる．

表 11-1 介護給付・訓練等給付・地域生活支援

居宅介護（介護）	自宅による入浴や排せつ，食事等の介護
重度訪問介護（介護）	重度障がい者に対する訪問介護
同行援護（介護）	視覚障がい者に対する移動支援等
行動援護（介護）	判断能力に制限がある方への外出支援等
重度障がい者等包括支援（介護）	介護の必要性が高い方への包括的な支援
短期入所（介護）	短期間，夜間を含めた介護による支援
療養介護（介護）	医療，介護を必要とする方の看護や介護等
生活介護（介護）	介護を要する方の介護，生産活動等の支援
施設入所（介護）	施設入所者に対する夜間や休日の介護等
自立訓練（訓練等）	自立した日常生活や社会生活を目標に一定期間，必要な訓練や支援
就労移行支援（訓練等）	一般企業等への就労に向け，一定期間，就労に必要な訓練や支援
就労継続支援（訓練等） A型：雇用契約を結ぶ B型：雇用契約を結ばない	企業等での就労が困難な人に，働く場を提供するとともに必要な訓練や支援雇用契約を結ぶA型と，雇用契約を結ばないB型がある
共同生活援助ホーム （グループホーム）（訓練等）	共同生活住居で，日常生活上の援助や介護サービス等を提供 一般住宅等への移行を目指す人のためにサテライト型住居がある
移動支援（地域生活支援）	円滑に外出できるよう，移動を支援
地域活動支援センター （地域生活支援）	創作的活動や生産活動の機会の提供，社会との交流等を行う施設
福祉ホーム（地域生活支援）	住居を必要としている人に，低額な料金で，居室等を提供し，日常生活に必要な支援を行う

出所）全国社会福祉協議会『障害福祉サービスの利用について』全国社会福祉協議会，2015年，pp.4-5.

　具体的な障害福祉サービスの内容については，全国社会福祉協議会の作成したパンフレットを参考にして，1例として表1-1として整理した．

　障害福祉サービスは，国がサービスの内容や提供に関する基準を設定し，障がい者に対して，均質に提供することを目的としている．一方，地域の特性や創意工夫によっても整備されており，今後も障害福祉サービスの整備は検討され，時代に合わせた改正がされていくことになる．

4. 障害福祉サービスの利用

　「障害者総合支援法」では，原則，「介護給付」・「訓練等給付」の利用申請

において，障がい者本人や家族の意向・希望に基づき行うこととしている．

　サービスの申請先は，市町村・特別区であり，身近な各自治体の窓口において行われる．サービス利用の申請が受理されれば，申請先の自治体によるアセスメントが調査員による訪問によって実施され，心身の状況について調査されることになる．その後，その調査結果と医師の意見書等を踏まえ，実際のサービスの適否を確認後，正式にサービスの支給決定が自治体から通知される．サービスの支給決定を受けた障がい者は，サービス事業者とサービス利用にあたっての利用契約を「利用契約制度」に基づいて結んだ後，正式なサービス利用となる．

　なお，「介護給付」のサービスを受けるためには，「障害支援区分認定」を受けなければならない．区分は，最も重度な障がいは「障害支援区分6」最も軽い障がいは「障害支援区分1」となっており，全部で6ランクに分かれている．また，実際，「介護給付」によるサービスを受けたいと思っていても，調査結果によって，「非該当」と認定された場合，「介護給付」のサービスを受けることができない．このように希望する障害福祉サービスを受けることができない場合や調査結果に不服がある場合等は，都道府県に対して，「審査請求」を行い，再調査の依頼や決定の変更等を申し立てることができる．

　こうした障害福祉サービスの申請から利用，不服申し立て等，一連の手続きを障がい者本人や家族だけで行うことは困難である．そのため，「障害者総合支援法」では，障害福祉サービスを円滑に利用，活用できるように相談支援体制を整備している．相談支援体制では，障がい者個々の事情や必要に応じて「相談支援事業者」に相談し，サービス利用や手続き等の支援を無料で受けることが可能となっている．

　「相談支援事業所」は，サービス利用にあたっての計画作成や相談等を行っており，実施している事業内容ごとに市町村または都道府県の認可を受けている．また，サービス利用における計画は，専門の相談支援専門員によって行われ，サービス利用の開始から，終結まで，サービス利用の計画に関し

て継続した相談・支援を受けることが可能である．

5. 障害福祉サービスの費用と負担

「障害者総合支援法」では，障害福祉サービス（「介護給付」や「訓練等給付」）の利用にあたって，家計の負担能力に応じた負担とするために，所得等に応じた「応益負担」となっている．ただし，「生活保護世帯」や「非課税世帯」は負担ゼロとなっており，必要な障害福祉サービスの利用が経済的理由により制限されることのないようになっている．しかし，施設で提供される「食費」や「光熱水費」，家賃等については，自己負担となっている．ただし，軽減措置も行われ，費用負担への配慮がされている．その他，「高額障害福祉サービス等給付費」の支給や地方自治体独自の軽減措置等も行われ，障がい者に対する経済的な支援が制度上，整備されている．

また，障がい者の身体機能を補完，代替し長期にわたり継続して使用される義肢，装具，車椅子等の「補装具」については，所得区分に応じた利用者負担の上限額が決められており，所得に応じた費用の補助を受けることができる．同じく，心身の障がいを除去・軽減するための医療である「自立支援医療」についても所得に応じた利用者負担の上限額が決められており，適切に医療を受けることができる仕組みとなっている．

一方，個人としての尊厳を地域で支えるための事業として，各自治体が実施する「地域生活支援事業」は，各自治体が独自に整備，実施することができる．したがって，その費用負担についても各自治体が柔軟に決定できるため，各自治体間にサービス内容と自己負担額に違いがみられ，課題となっている．

6. 「障害者基本法」と障がい者福祉

「障害者基本法」は，障がい福祉における法律や理念の基本となっている．本法律の第1条では，「全ての国民が，障害の有無にかかわらず，等しく基本的人権を享有するかけがえのない個人として尊重されるものであるとの理

念にのっとり，全ての国民が，障害の有無によって分け隔てられることなく，相互に人格と個性を尊重し合いながら共生する社会を実現するため，障害者の自立及び社会参加の支援等のための施策に関し，基本原則を定め，及び国，地方公共団体等の責務を明らかにするとともに，障害者の自立及び社会参加の支援等のための施策の基本となる事項を定めること等により，障害者の自立及び社会参加の支援等のための施策を総合的かつ計画的に推進する」と社会全体で障がい者を「個人として尊重」し，社会における障がい者の「完全参加と平等」を保障することで共生社会を築いていくことを規定している．

したがって「障害者総合支援法」における各種のサービスや障がい者福祉の関連法令については，「障害者基本法」を基盤として位置づけられ，国や地方公共団体の施策についても，これに沿ったものでなければならない．

7. 障がい種別ごとの対応と法律

障がい者の福祉は，「障害者総合支援法」を基礎として，それぞれの「障がい」種別ごとに法律があり，「障がい」の特性に応じた内容となっている．

身体障がいについては，「身体障害者福祉法」にて，身体障がい者の自立と社会参加を目的とした法律となっている．また，「身体障害者福祉法」では，第4条において，「『身体障害者』とは，別表に掲げる身体上の障害がある十八歳以上の者であつて，都道府県知事から身体障害者手帳の交付を受けたものをいう」としている．別表では，視覚，聴覚，肢体，心臓等の機能別に障がいの状況や重さを数字によって示している．

知的障がいについては，「知的障害者福祉法」において，「知的障害者」や「知的障害」についての明確な定義は示されていない．「知的障害者福祉法」は，「知的障害者を援助するとともに必要な保護を行い，もつて知的障害者の福祉を図ることを目的」として，知的障がい者福祉における基本的な考えを示している．

発達障がいについては，「発達障害者支援法」において，「自閉症，アスペルガー症候群その他の広汎性発達障害，学習障害，注意欠陥多動性障害その

他これに類する脳機能の障害であってその症状が通常低年齢において発現するものとして政令で定めるもの」と定義している．また，「発達障害者支援法」において「発達支援」とは，「発達障害者に対し，その心理機能の適正な発達を支援し，及び円滑な社会生活を促進するため行う発達障害の特性に対応した医療的，福祉的及び教育的援助」と定義し，学際的・総合的な支援の必要性を示している．

　精神障がいは，「精神保健及び精神障害者福祉に関する法律（精神保健福祉法）」において，「統合失調症，精神作用物質による急性中毒又はその依存症，知的障害，精神病質その他の精神疾患を有するもの」と定義している．また，「精神保健福祉法」では，国民の義務として，「精神的健康の保持及び増進に努めるとともに，精神障害者に対する理解を深め，及び精神障害者がその障害を克服して社会復帰をし，自立と社会経済活動への参加をしようとする努力に対し，協力するように努めなければならない」ことを示している．

第3節　障がい者福祉の課題

　厚生労働省は，2016（平成28）年度，都道府県・市区町村の障がい者虐待に関する状況について全国調査を実施した．調査結果によると，虐待と認定された障がい者は2,520名に上り，虐待者と認定された人数も3,198名となっている．虐待者は家族等の親族に限らず，障がい者を支援する施設職員や障がい者を雇用する企業等の社員にもみられている．

　虐待の種類は，家族等の養護者が虐待者の場合，身体的虐待が最も多く，次いで心理的虐待，経済的虐待，放棄・放置，性的虐待となっている．被虐待者の障がいは，知的障がいが最も多く，次いで精神障がい，身体障がいとなっている．個々の虐待状況によって，虐待内容は多様であることが示されている．また，調査結果によると，障がい者への虐待は，死亡事件に発展することもあることが明らかにされている．さらに，家族等の養護者による障がい者虐待は，増加している．

こうしたことからも，障がい者の人権を擁護するための課題として，社会全体で法制度の整備や国民の意識や文化・政治・経済も含め，障がい者虐待の防止・解決に向けて取り組まなければならない．

　しかし，厚生労働省による調査によって，一定程度，障がい者虐待の実情が明らかにされたものの，密室である家庭内等において，虐待行為そのものが隠ぺいされる可能性をもっている．

　そうした状況において，2012（平成24）年から施行された「障害者虐待の防止，障害者の養護者に対する支援等に関する法律」，通称「障害者虐待防止法」には，深刻化する障がい者虐待の防止・解決に大きな期待が寄せられている．同法では，国や地方公共団体，施設従事者，企業等に対して，障がい者虐待の防止のための責務を課すとともに，虐待を受けたと思われる障がい者を発見した者に対する通報を義務づけている．しかし，本法律が広く浸透しているといいがたい状況もある．今後は，障がい者虐待を防止・解決するために，広く障がい者虐待に対する理解を国民全体に周知することや虐待者へのケアの整備，支援者の養成教育等が課題となっている．

注
1）知的障害者の意思決定支援等に関する委員会編『知的障害者の意思決定支援ハンドブック　現場で活かせる意思決定支援　「わたしたちのことを，わたしたち抜きに決めないで」の実現に向けて』公益財団法人日本知的障害者福祉協会，2017年．p.22.

参考文献
井村圭壯・相澤譲治編『社会福祉の基本と課題』勁草書房，2015年
工藤芳幸・石川由美子・浜田寿美男・若倉健『なぜ「共に生きるかたち」にこだわり続けるのか？』日本発達心理学会　第28回大会論文集，2017年
社会福祉法人大阪ボランティア協会編『福祉小六法2018』中央法規，2017年
新村出編『広辞苑（第七版）』岩波書店，2018年
全国社会福祉協議会編『障害福祉サービスの利用について』全国社会福祉協議会，2015年
中央法規編『社会福祉用語辞典（六訂）』中央法規，2012年
中央法規編『障害者総合支援六法（平成29年版）』中央法規，2017年

第12章　生活保護

第1節　生活保護の仕組み

「日本国憲法」第25条に定める生存権の保障を実現するための制度として，「生活保護法」は制定されている．このことは，「生活保護法」第1条に「この法律は，日本国憲法第25条に規定する理念に基づき，国が生活に困窮するすべての国民に対し，その困窮の状況に応じ，必要な保護を行い，その最低限度の生活を保障するとともに，その自立を助長することを目的とする」と明記されている．つまり，生活困窮者に対して健康で文化的な最低限度の生活を保障するとともに，生活に困窮している人々の社会的自立を促進する相談援助活動（ソーシャルワーク）を行うことも示している．

1. 生活保護の原理

生活保護は，次の4つの原理を定めている．

（1）　国家責任の原理
　この原理は，生活に困窮している国民に対して，国家の責任において保護を実施することを規定している根本的な原理である．また，生活困窮者に対して最低限度の生活を保障するだけでなく，自立の助長を図ることも目的としている．

（2）　無差別平等の原理
　この原理は，「生活保護法」の定める要件を満たす限り，すべての国民は

無差別平等に保護を受けることができることを定めている．すなわち，性別，社会的身分はもとより，生活困窮に陥った原因についても問わず，経済的状態だけに着目して保護を行うこととしている．

(3) 最低生活保障の原理

この原理は，生活保護制度で保障する最低生活保障の水準を規定したものである．最低生活保障とは憲法第25条に規定する生存権の保障を実現することであり，健康で文化的な最低限度の生活を維持するものでなければならないとしている．

(4) 保護の補足性の原理

この原理は，国民が保護を受けるために守るべき要件を規定している．保護に要する費用は租税において賄われており，各自が，その持てる資産や能力に応じて最善の努力を図り，努力をしてもなお最低限度の生活を営めない場合に保護が適用される．すなわち，生活に困窮している者が，その利用し得る資産，能力その他あらゆるものを最低限度の生活の維持のために活用することを要件としている．

また，「民法」に定める扶養義務者の扶養及び他の法律に定める扶助は，すべて，この法律に優先して行われるとしている．

2. 生活保護の原則

次に，生活保護制度は実施にあたり，次の4つの原則を定めている．

(1) 申請保護の原則

「生活保護法」は，申請行為を前提として権利の実現を図ることを原則としている．一方，保護の実施機関は，要保護者の発見あるいは通報があった場合，適切な処置を行う必要性があるとしている．

このように，申請保護を原則としながらも，要保護者が急迫した状況にあ

るときは，保護の申請がなくても必要な保護を行うことができるものとしている（職権保護）．

(2) 基準及び程度の原則

保護の実施にあたって，対象者にどの程度の保護が必要であるかが決められる．そこで，生活保護法においては厚生労働大臣の定める基準により測定した要保護者の需要を基準とし，そのうち，その者の金銭または物品で充たすことのできない不足分を補う程度において行うものと規定している．

(3) 必要即応の原則

保護は，要保護者の年齢や健康状態など個々の事情を考慮した上で行わなければならないことを定めている．これは，個々の要保護者の実情に即して，適切な保護を行うという趣旨で設けられた規定である．

(4) 世帯単位の原則

この原則は，保護の要否や程度を世帯単位で判定して実施することを規定している．つまり，生活困窮者には保護請求権があるが，その者が保護が必要かどうか，あるいはどの程度の保護を要するかという判断は，その者の属している世帯を単位として行うことを原則としている．

3. 生活保護の種類

生活保護法で定める保護の種類は，生活扶助，教育扶助，住宅扶助，医療扶助，介護扶助，出産扶助，生業扶助，葬祭扶助の8種類に分けられている．保護は，必要に応じて1種類の扶助を受ける場合（単給）と，2種類以上の扶助を受ける場合（併給）がある．

各扶助は，次のような内容となっている．

(1) 生活扶助

　生活扶助の対象は，①衣食その他日常生活の需要を満たすために必要なもの，②移送に対して支給される（主要な対象は①）．その内容は，飲食物費や被服費などの個人的経費と，水光熱費や家具什器費などの世帯共通経費，そして特別な生活上の需要に対応する各種加算や一時扶助に分けられる．

　生活扶助は居宅保護を原則とし，それができない場合は施設や私人宅において保護を行う．また，金銭給付を原則とするが，保護の目的を達するために必要があるときは現物給付によって行うことができる．

　居宅における生活扶助の給付は世帯単位で計算し，世帯主またはこれに準ずる者に支給するが，それがむずかしいときは，被保護者に対して個々に支給することができる．

(2) 教育扶助

　教育扶助の対象は，義務教育に伴って必要な費用であり，具体的には，①教科書その他の学用品，②通学用品，③その他義務教育に必要なものである．このため，義務教育でない幼稚園，高校，大学などの就学費用は，教育扶助の対象ではない．

　教育扶助のための保護金品は，被保護者，その他の親権者，未成年後見人または被保護者の通学する学校長に対して交付する．

(3) 住宅扶助

　住宅扶助は，①住居[1]，②補修その他住宅の維持のために必要なものに対して支給される．具体的には，借家や借間住まいの家賃・間賃，または自己所有の住居に対する土地の地代にあてるべき費用が一定の基準額の範囲内で支給される．また，居住する家屋に破損がある場合は，家屋補修，水道・配電設備などの費用が給付される．

(4) 医療扶助

　医療扶助の対象は，①診察，②薬剤または治療材料，③医学的処置，手術及びその他の治療並びに施術，④居宅における療養上の管理及びその療養に伴う世話その他の看護，⑤病院または診療所への入院及びその療養に伴う世話その他の看護，⑥移送である．

　また，医療扶助は，原則，現物給付によって行うものとし，これによることができないとき，または適当でないとき，その他必要があるときは金銭給付によって行うことができる．

(5) 介護扶助

　介護扶助は，困窮のために最低限度の生活を維持することのできない要介護者及び要支援者を対象として，①居宅介護，②福祉用具，③住宅改修，④施設介護，⑤介護予防，⑥介護予防福祉用具，⑦介護予防住宅改修，⑧介護予防・日常生活支援，⑨移送に対して支給される．

　また，介護扶助は，原則，現物給付によって行うものとし，これによることができないとき，これによることが適当でないとき，その他必要があるときは金銭給付によって行うことができる．

(6) 出産扶助

　出産扶助の対象は，①分娩の介助，②分娩前及び分娩後の処置，③脱脂綿など衛生材料の出産にかかわる事項である．また，出産に必要な分娩介助料，沐浴料，処置料などの費用は，基準額の範囲内で支給される．

(7) 生業扶助

　生業扶助は，①生業に必要な資金，器具または資料，②生業に必要な技能の修得，③就労のために必要なものに対して支給される．具体的には，事業を経営するための設備費，運営費などの生業費，就業・就学のための授業料，教材費，交通費などの技能修得費（高等学校等就学費），就職が確定した者の

表12－1　生活保護に関する費用

費　用	内　容
保護費	各種扶助として，被保護者に対して給付する費用
保護施設事務費	生活保護施設における施設職員の人件費や運営管理費などの費用
委託事務費	生活保護施設以外の施設や私宅に被保護者の保護を委託した場合の費用
設備費	生活保護施設の新設費用や施設の拡張，修繕，器具の購入などの施設設備の整備費用
就労自立給付金に要する費用	被保護者の自立の助長を図るため，安定した職業に就いたことにより保護を必要としなくなったと認めた者に対して支給する費用
被保護者就労支援事業実施に要する費用	就労の支援に関する問題につき，被保護者からの相談に応じ，必要な情報の提供及び助言を行う事業を実施する費用
法施行に伴う地方公共団体の人件費	生活保護の決定や実施にかかわる行政職員の人件費
法施行に伴う必要な行政事務費	生活保護の決定や実施にかかわる職員の活動費用や事務用品などの消耗品費，通信運搬費などの費用

被服などの購入費用としての就職支度費がこれにあたる．

(8)　葬祭扶助

　葬祭扶助は，①検案（医師が死体を検査すること），②死体の運搬，③火葬または埋葬，④納骨その他葬祭のために必要なものを対象として支給される．困窮のため葬祭が行えない場合，また，生活保護を受けている者が死亡し，その葬祭を行う者がいない場合や，遺留金品だけでは葬祭が賄えない場合に適用される．

第2節　生活保護の費用

　生活保護に関する費用としては，表12－1がある．
　これらの費用は，国と都道府県，指定都市・中核市，市及び福祉事務所を設置している町村が負担をする．保護費に関していえば，国が全体の3/4を，その他のいずれかが1/4を負担している．生活保護は法により国家責任で

国民に最低生活保障を実施するものであると規定されており，国が高率の負担をしている．

第3節　生活保護の実施

1．被保護者の権利と義務

被保護者には，特別の権利が与えられている一方，義務も課せられる．

(1)　被保護者の権利
被保護者の権利には，次のものがある．
①不利益変更の禁止：正当な理由がない限り，すでに決定された保護を不利益に変更されることがない．
②公課禁止：保護金品を標準として，租税その他の公課を課されることがない．
③差押禁止：すでに給付を受けた保護金品，またはこれを受ける権利を差し押さえられることがない．

(2)　被保護者の義務
また，被保護者の義務には，次のものがある．
①譲渡の禁止：保護を受ける権利を譲り渡すことはできない．
②生活上の義務：常に，能力に応じて勤労に励み，健康の保持及び増進に努め，収入，支出その他生計の状況を適切に把握するとともに支出の節約を図り，その他生活の維持及び向上に努めなければならない．
③届出の義務：収入，支出その他生計の状況について変動があったとき，または，居住地もしくは世帯の構成に異動があったときは，速やかにその旨を福祉事務所長に届け出なければならない．
④指示等に従う義務：福祉事務所長が生活の維持，向上，その他保護の目的

達成に必要な指導または指示をしたときは，これに従わなければならない．

2. 不服申立て

受けられるはずの保護が正当な理由なく行われなかった場合などには不服申立てによる救済の途が認められる．不服の申立てには，次の2つの段階がある[2]．

① 福祉事務所長の行った保護の開始・申請の却下，保護の変更，保護の停止・廃止，就労自立給付金の支給決定などに不服がある者は，都道府県知事に対して審査請求を行うことができる．

② 都道府県知事の裁決に不服のある者は，さらに厚生労働大臣に対して再審査請求を行うことができる．

また，都道府県知事の裁決を経た後は，裁判所に対して訴訟を提起することもできる．

3. 費用の返還と徴収

次のような場合，保護費の返還と徴収が行われる．

① 資力があるにもかかわらず，急迫した事情により保護を受けた場合
② 届出の義務を故意に怠ったり虚偽の申告をした場合など，不正な手段により保護を受けた場合
③ 扶養義務者が扶養能力を有しながら扶養をしなかった場合

なお，不正受給の場合，単に費用徴収にとどまらず，その理由によっては生活保護法の罰則規定，あるいは刑法の規定に基づき処罰を受けることもある．

第4節　生活保護の実施過程

生活保護の実施過程は，受付→申請調査→要否判定→決定（開始・却下）→支給（開始・停止）→廃止のプロセスをとる．すなわち，原則，要保護者

が申請を行い，保護の実施機関が保護の要否の調査，保護が必要な場合その種類，程度及び方法を決定し，給付を行う．

(1) 実施機関

　申請者の居住地（居住地が明らかでない場合は，現在地）を所管する福祉事務所が保護の要否を判定し，実施する機関であり，保護の実施にあたるのは現業員（いわゆる「ケースワーカー」）である．ケースワーカーは被保護世帯を訪問し，被保護者の生活実態の調査や相談業務，必要な指導等を行う．また，協力機関として民生委員が生活実態の調査などにかかわっている．

(2) 資力調査

　福祉事務所では，申請を受けると地区を担当しているケースワーカー（社会福祉主事[3]）が家庭訪問などをして保護の要否を調査する．これが資力調査（ミーンズテスト）である．

　この調査に基づいて，世帯単位を原則とした保護の要否を決定し，申請者に文書で通知する．この通知は，申請があった日から起算して14日以内に行わなければならないことになっているが，特別な理由がある場合は延長し，30日以内に行うことになっている．

　保護の要否や程度は，その世帯の最低生活費と収入認定額とを対比させることによって決められる　そして，収入認定額が生活保護基準によって定められたその世帯の最低生活費を満たしていない場合に，その不足分を支給する．

第5節　貧困・低所得者対策の見直し

　さまざまな救済策から洩れた労働者や生活困窮者の増大や生活保護受給者の増加などを背景に，低所得者対策の充実強化と，国民の信頼に応えられる生活保護制度の見直しが求められることになった．

2013（平成25）年12月，今後の生活困窮者対策と生活保護制度の見直しに総合的に取り組むべく，「生活保護法」の一部改正及び「生活困窮者自立支援法」が公布された．これにより，生活保護制度の見直し，生活困窮者対策に総合的に取り組むとともに，生活保護基準[4]の見直しが行われた．

　このように，貧困・低所得対策として生活保護制度の見直しと新たな生活困窮者支援対策が打ち出されたことから，今後の貧困・低所得対策の拡大を食い止め，生活再建を目指した対策が積極的に講じられることが求められる．

注
1）ここでいう「住居」とは，「住まう場所」という意味で使用している．
2）審査請求と再審査請求の「2審制」である．
3）「社会福祉法」を根拠とした任用資格．福祉事務所において福祉六法などの業務を行う．
4）生活保護制度によって保障される最低生活水準として設定されるもの．現在は，水準均衡方式という算定方式で設定されている．

参考文献
岡部卓『生活困窮者自立支援ハンドブック』中央法規出版，2015年
社会福祉士養成講座編集委員会編『新・社会福祉士養成講座16　低所得者に対する支援と生活保護制度（第4版）』中央法規出版，2016年
杉本敏夫監修『新・はじめて学ぶ社会福祉④　社会福祉概論』ミネルヴァ書房，2017年
生活保護手帳編集委員会編『生活保護手帳2017年度版』中央法規出版，2017年

第13章　地域福祉

第1節　地域福祉とは

1. 地域福祉の定義

　社会福祉の概念として地域福祉が登場したのは1970年代である．しかし，それ以前から地域において民生委員らによる福祉活動などは存在していた．その源流は19世紀後半にイギリスで発祥したセツルメント運動といわれている[1]．

　地域福祉という概念は，比較的身近な印象を与えるにもかかわらず，それを定義することは案外難しい．『広辞苑（第7版）』では，地域福祉を「自治体や地域住民・民間団体が連携しながら，地域を単位として行う福祉活動」と，説明する[2]．つまり地域福祉とは，一定の地域に生じた福祉問題について，住民及び関係者で解決することを目指すものである．それゆえその地域独自の事情や文化を反映したものとならざるを得ないのである．たとえば，少子高齢化の進んだ農村部と，人口が密集している都市部とでは，住民のニーズや支援の手法は自ずと異なってくるだろう．さらに近年グローバリゼーションの影響により，日本語を母国語としない人々が多く住む地域も出現してきており，そのようなところでは，自ずと古くからの住民と新しい住民との多文化共生が目指されることとなろう．

　このように，地域福祉とは具体的な人々の生活と切り離して考えられないものであり，そのため明確な定義も難しいのである．こうしたことから，ここでは地域福祉を「私たちが生活する地域における福祉の向上」と便宜的に

定義しておく．

2. 産業構造の変化と地域福祉

　生活の場としての地域は，18世紀後半にイギリスに始まった産業革命以降大きな変容をとげてきた．明治時代には日本もその影響を受けて，各地に紡績工場や製鉄所が設置され，工場労働者が現れるようになった．それでも日本の主たる産業は，しばらくのあいだは農林水産業だったのである．転機を迎えたのは第二次世界大戦後の1950年代にはじまる高度経済成長期である．この時期を迎えると，第一次産業（農林水産業）の就業者数は減少しはじめ，その代わり第三次産業（サービス業，商業）の就業者数が増加していった．1975（昭和50）年には，第三次産業の就業者数がついに50％を超えたのである．

　農業など自然と向き合う営為は個人単独で行うことはむずかしい．そのため昔から村落で協働して営まれてきた．そして，村落共同体は相互の助け合いの面でも活用されてきたのである．ところが急速な産業構造の転換と，それに伴う人々の都市への流出は，農漁村の過疎化と高齢化を進めてしまい，従来相互扶助の基盤とされていた村落共同体の解体を進行させてしまうこととなった．

　一方，人口増加してきた都市部では，待機児童や孤独死といった新たな問題に直面することとなった．都市部では村落共同体のようなコミュニティが未発達であることが多いため，地域内における人々のかかわりは希薄になりがちである．また都市部で仕事をする場合，郊外から都心に通勤してくる場合も多く，休日や夜のみ自宅で過ごすというケースも勤労者には一般的な生活スタイルである．このように農漁村，都市のいずれにおいても，産業構造の変化に伴って，それぞれ多様な問題が生まれてきていたのである．

　都市部を例にみてみると，そこに暮らす住民は，勤務する会社における人間関係（タテのつながり）はあるものの，最も身近な地域における人間関係（ヨコのつながり）が脆弱な場合が多い．それゆえ家庭だけで福祉問題を抱え

込まなければならず，負担が過重になりやすいのである．このような福祉問題を，再び地域で担う可能性を模索するために，地域福祉が顕在化してきたのである．

そのため地域福祉に求められているのは，急激な時代の変化のもと，それぞれの地域に固有な問題の出現に対する新たな対処策なのである．それは，地域の人びとのつながりの再構築であったり，地域自体の存続だったりするのである．もちろん，それは以前の村落共同体への回帰とは異なるものとなろう．なぜなら，すでに地域自体が現代的に変容しているからである．

第2節　地域福祉の内容

1．社会福祉法と地域福祉

1980年代頃まで，わが国では貧困者，高齢者，障がい者等のように，対象者ごとに分けて，経済的支援や施設への収容保護を行うことが主な施策となっていた．しかし，1973（昭和48）年の第一次石油危機による高度経済成長の終焉や，つづく1979（昭和54）年の第二次石油危機及び1985（昭和60）年のプラザ合意後の急激な円高に伴う経済不況と財政赤字により，社会福祉政策の転換が求められるようになった．さらに1981（昭和56）年の国際障害者年を契機に，ノーマライゼーションが国内に普及すると，障がい者領域を中心として社会福祉政策に当事者の声を反映させる動きも起きてきた．

こうした動向もあって，それまでの収容保護の福祉施策は見直され，代わりに当事者が住み慣れた地域で福祉サービスを受けられるように改められてきたのである．近年では，高齢者領域でも，自分らしい暮らしを人生の最後まで続けるための地域包括ケアも進められるようになってきた．2000（平成12）年5月には，それまでの「社会福祉事業法」が見直され新たに「社会福祉法」と改題され，同年6月に施行された．そこには，次のように地域福祉の推進が明示されている．

「地域住民，社会福祉を目的とする事業を経営する者及び社会福祉に関する活動を行う者は，相互に協力し，福祉サービスを必要とする地域住民が地域社会を構成する一員として日常生活を営み，社会，経済，文化その他あらゆる分野の活動に参加する機会が与えられるように，地域福祉の推進に努めなければならない（「社会福祉法」第4条）」．

このように地域福祉は，日本経済の急激な変化や財政上の問題にくわえて，ノーマライゼーションのような新しい考え方と当事者参加を求める声も含みながら，従来から地域で行われてきた地道な福祉活動の再構築と新たな地域コミュニティ創造として，顕在化されてきた福祉実践なのである．

さらに「社会福祉法」成立と同じ年には，「地方分権の推進を図るための関係法律の整備等に関する法律」（地方分権一括法）も施行されており，国から地方自治体への権限や財源の移譲も進められていた．ついで2003（平成15）年9月には「地方自治法」の一部改正も行われ，社会福祉施設等の管理について，従来の管理委託制度から指定管理者制度へ移行されたことにより，NPO法人や民間事業者など地域の多様な組織・団体も，福祉業務に参入できるようになったのである．国の行財政改革を背景とした，地方分権や市場原理導入とともに，地域福祉は進められてきたという側面もあるといえよう．

2. 地域福祉計画

先述の「社会福祉法」では，第107条に市町村地域福祉計画，第108条に都道府県地域福祉支援計画が定められ，市町村が一体的に地域福祉を進めることと，都道府県が市町村の地域福祉を支援することが明記された．地域福祉計画とは，従来の高齢者，障がい者，児童のように専門領域ごとに策定された計画との整合性を図りながら，地域福祉を一体的に推進するための計画である．その策定にあたって地域住民が十分に参加するよう求められている．

具体的には，国及び地方自治体は，民生委員や社会福祉協議会にくわえて

地域住民やNPO法人などにも協力を求め，福祉サービス提供の計画的な推進と確保を行うこととされているのである．また計画については，高齢者計画等との調整も含めておおむね5年から3年で見直していくこととなっている．

3. 民生委員・児童委員

　地域福祉が概念として成立する前から，長らく地域における福祉の主要な担い手となってきたのは民生委員である．民生委員は，もともと1917（大正6）年に岡山県で行われた済世顧問制度が始まりとされ，翌1918（大正7）年には大阪で同様の方面委員制度も発足している．この方面委員制度が1928（昭和3）年に全国に普及することとなり，当初は，地域における貧困者救済・支援を目的とされていた．戦後1946（昭和21）年に民生委員と改められ，地域の福祉推進のために，住民の生活状況の把握，生活困窮者等の相談・援助など，主に福祉事務所や関連行政機関の業務に協力してきた．

　民生委員は，厚生労働大臣の委嘱を受けて市町村・特別区に置かれた非常勤特別職の地方公務員である．社会奉仕の精神に基づいているため無報酬となっているが，活動に必要な費用は交付される．民生委員の任期は3年（再任可）となっており，「児童福祉法」に基づいて児童福祉司や社会福祉主事に協力する児童委員も兼任している．なお一部の児童委員は，児童に関することを専門的に担当する主任児童委員として選任され，担当区域をもたずに，児童福祉関係機関との連絡調整や他の児童委員の支援・協力を行っている．

4. 社会福祉協議会

　「社会福祉法」では，第109条から第111条において全国・都道府県・市区町村の一定の地域を単位に社会福祉協議会を設置することが定められている．もともと社会福祉協議会とは，地域福祉推進を図ることを目的とした民間の自主組織であるが，地方自治体等と連携して地域福祉活動計画を策定するなど，公共性が高いという性質を帯びている．その起源は，1951（昭和

26）年に，戦前からの日本社会事業協会，全日本民生委員連盟，同胞援護会という3団体を統合し，中央社会福祉協議会（全国社会福祉協議会の前身）がGHQの占領政策のもとで設立されたことに遡る．

　このように設立当初から社会福祉協議会は民間団体として，独自のコミュニティ・オーガニゼーション[3]を展開し，地域住民と直接かかわり，住民活動を支えてきた団体である．主な事業として，社会福祉に関する啓発，ボランティア活動の推進や調整のほか，認知症高齢者，知的障がい者，精神障がい者等で判断能力が十分ではない方が自立生活を送れるように福祉サービスの利用援助を行う日常生活支援事業等の在宅福祉サービスも行っている．さらに最近では，コミュニティソーシャルワーカー[4]を配置し，孤立しがちな住民と公的機関や地域コミュニティとのつながりを助け，切れ目のない支援も行うようになってきている．

5．NPO法人とボランティア

　近年，地域福祉の新しい担い手として広まってきているのがNPO法人と呼ばれる組織である．NPOとは，Non-Profit Organization（民間非営利組織）の頭文字からとった呼称であり，同じ民間でも営利を目的とした株式会社等とは異なり，非営利の社会活動を目的とした組織のことをいう．NPO法人がこのように広まるようになった背景には，1995（平成7）年1月に発生した阪神・淡路大震災と，そこに集まった多数の市民活動団体やボランティアの救援，復興活動にあるといわれている．このときの経験から，市民活動団体や個人を支援する制度の必要性が高まり，それを受けて1998（平成10）年に「特定非営利活動促進法」，いわゆる「NPO法」が施行されたのである．NPO法人の活動は，保健医療または福祉の増進を図る活動や，社会教育の推進を図る活動，災害救援活動，地域安全活動など，NPO法で定められたものに限られている．非営利ではあるが，事業で生じた利潤を公益的活動の資金として社会に還元していくことは認められている．

　ボランティアも地域福祉の担い手のひとつである．その認知度も阪神・淡

路大震災によって高まったといわれており，震災の起きた1月17日は，毎年「防災とボランティアの日」と定められている．NPOが組織・団体での活動であるのに対して，ボランティアはあくまで個人の自発的な社会貢献活動への参加である．しかし，個人という，その「ひ弱」でバルネラブルな（傷つきやすい）立場での活動自体が，当事者（支援対象者）の活動を応答的に誘うことになる．ひとつの活動が契機となってつぎつぎと新しい活動や関係が生みだされていく．このようなボランティア活動の力を，金子は「バルネラビリティ」と呼び評価している[5]．

第3節　地域福祉の課題

　本来，地域福祉の担い手として第一にあげなければならないのは地域住民である．これまでみてきたように，多様な組織・団体が，地域福祉を担うための活動を行う体制は整えられてきた．しかし「社会福祉法」にも位置づけられているように，地域住民が自分たちで協働して主体的に地域福祉を推進していくことが，なによりも必要なのである．

　地域住民が自ら立ち上がって，高齢者，子どもと障がい児（者）が，一緒に過ごせる場所として「共生デイサービス」と呼ばれる新しい実践を始めたところもある[6]．この実践は，専門で縦割りにされた体制では解決できない地域問題への対処として生みだされたものである．この例が示すように，支援の網の目からこぼれ落ちてしまったときに気づいて手を差し伸べられるのは，日常的に同じ地域で暮らす住民なのである．

　つまりどのように時代が変わったとしても，地域住民のヨコのつながりが大事なのである．先にふれたコミュニティソーシャルワーカーやボランティアの力も借りつつ，地域住民が自ら参加し，新しいつながりを生みだすことで，失われてきた地域の力を再び取り戻すことが，現代社会における地域福祉の課題であるといえよう．

注

1) 山縣文治・柏女霊峰編『社会福祉用語辞典（第9版）』ミネルヴァ書房，2018年．
2) 新村出編『広辞苑（第7版）』岩波書店，2018年．
3) 平野隆之・宮城孝・山口稔編著『コミュニティとソーシャルワーク（新版）』有斐閣，2008年，pp. 53-54．
4) 勝部麗子「大都市における地域福祉の展開——地域と人を再び結ぶコミュニティソーシャルワーカーの取り組み」大橋謙策編著『ケアとコミュニティ』ミネルヴァ書房，2014年，pp. 309-317．
5) 金子郁容『ボランティア——もうひとつの情報社会』岩波新書，1992年，pp.232-234．
6) 惣万佳代子「障害，高齢，児童の共生デイサービス——富山県"このゆびとーまれ"の実践」大橋謙策編著『ケアとコミュニティ』ミネルヴァ書房，2014年，pp.243-257．

参考文献

大橋謙策編著『ケアとコミュニティ』ミネルヴァ書房，2014年
勝部麗子『ひとりぽっちをつくらない——コミュニティソーシャルワーカーの仕事』全国社会福祉協議会，2016年
草郷孝好編著『市民自治の育て方——協働型アクションリサーチの理論と実践』関西大学出版部，2018年

第14章　医療福祉

第1節　医療福祉とは

　病気は私たちの暮らしに大きな影響を及ぼす．病気によって身体的な苦痛を感じるというだけでなく，生活上の不安，家庭や仕事のことなどさまざまな面に影響が生じてくる．たとえば，仕事を休業することによる収入の減少，さらに家事や子育てをこなすことも困難になる．そうなると，病気になった者が家庭の中で果たしていた役割を他の者が代替しなければならなくなる．しかし，家族の人数が少なくなった現在，それを実施するには困難を伴うことが多い．また，医療技術の高度化により医療費が高騰し，患者の自己負担も高額になってきている．このように家族一人の病気によって，数多くの生活問題が生じてくる．そこで，こうした患者や家族の抱える生活問題に対処し，支援する仕組みが必要となる．近年は高齢化や治療期間の長期化などにより，医療機関は患者の疾病だけをみて，治療するのではなく，患者の生活を全体的にみて支援していくことが強く求められるようになっている．さらに，入院期間の短縮とともに，在宅で診察，看護を受けながら生活することも増加してきた．そのため，現在，医療と福祉の連携がかつてないほど求められるようになってきている．

　本章で解説する医療福祉は，医療制度に関連する社会福祉の制度・政策，民間の事業までを対象とする広義の捉え方と患者とその家族が抱えている生活問題の解決を支援する医療ソーシャルワークを対象とする狭義の捉え方がある．ここでは後者を中心に医療福祉の内容や課題について説明する．

第2節　医療福祉の内容

1. 医療福祉の歴史

　医療福祉は，かつて医療社会事業と呼ばれ，わが国では1926（大正15）年に済生会芝病院に済生社会部，1929（昭和4）年に聖路加国際病院に社会事業部が設置されたことがその萌芽といわれる．これら病院では専任ワーカーが医療相談事業を行っていた．第二次世界大戦後，GHQ（連合国軍最高司令官総司令部）によって全国のモデル保健所に医療社会事業係が配置された．また，厚生省も国立病院や日赤病院などに対して医療ソーシャルワーカーを置くなど，一定の進展をみせたが，その後，医療ソーシャルワークの進展は停滞した．1970年代になってようやく高齢者の社会的入院の問題などにより，医療機関が患者やその家族に対して社会福祉援助を行わなければならないケースが増加した．また，1980年代はソーシャルワーカーの国家資格化に向けた動きが活発化し，1987（昭和62）年の「社会福祉士及び介護福祉士法」の成立によって，社会福祉士資格が医療ソーシャルワーカーの基礎資格として位置づけられることになった．1990年代以降，わが国の福祉施策は施設福祉から在宅福祉中心へと移行した．その結果，高齢者福祉においては訪問看護や訪問診療が普及するようになった．また，障がい者福祉においても精神障がい者では病院での長期入院から在宅・地域生活への移行が図られるようになった．そして1997（平成9）年には「精神保健福祉士法」が制定され，精神医療分野でのソーシャルワーカーの資格が明確となった．また，地域医療，在宅医療を推進した1997（平成9）年の「医療法」改正，2000（平成12）年の介護保険制度開始により，ますます保健・医療・福祉の連携が求められる時代となった．このように患者とその家族の抱える課題や医療・福祉施策の変化によりわが国の医療福祉が発展を遂げてきたことがわかる．

2. 医療ソーシャルワーク

医療ソーシャルワークとは医療福祉分野におけるソーシャルワークのことを指す．そしてその業務を行う専門職を医療ソーシャルワーカー（Medical Social Worker；MSW）と呼ぶ．中島さつきは「医療ソーシャルワークとは医療・保健の分野で行われるソーシャルワークである．医療ソーシャルワーカーがその専門技術を用いて，医療チームに参加しあるいは地域の人びとに協力して，医療と福祉の達成に努力することである．主として，疾病の予防・治療あるいは社会復帰をさまたげている患者や，家族の社会的・心理的・経済的な問題を解決もしくは調整できるように，個人と集団を援助する仕事である」[1]と定義している．このことから，医療ソーシャルワークは疾病により生じる患者やその家族の生活困難に対して適切な医療受診に向けた支援を行い，社会福祉制度，ボランティアなどさまざまな社会資源を活用することで健康で文化的な生活を維持できるようにしていくことであるといえる．

日本で主に医療ソーシャルワークを担っているのは社会福祉士や精神保健福祉士である．また職能団体として公益社団法人日本医療社会福祉協会が設立されている．

「医療ソーシャルワーカー業務指針」（平成14年厚生労働省健康局長通知）では，医療ソーシャルワーカーの業務範囲を6項目あげている．それらについて紹介する．

(1) 療養中の心理的・社会的問題の解決，調整援助

患者が安心して療養に臨むことができるように傷病によって発生する心理的・社会的問題の早期対応や予防を行うことである．具体的には受診，入院，在宅医療に伴う不安の解決や療養中の家事や就労等の問題解決，家族間，患者同士，患者と医療関係者との人間関係の調整などである．

(2) 退院援助

退院に伴い生じる患者の心理的・社会的問題の予防や早期対応を行う．退院や転院，また高齢者であれば介護保険施設への入所など，生活環境の変化は患者にとって大きな負担となる場合がある．そのため，退院後の生活の選択肢について説明し，相談に応じ，調整を行うことである．

(3) 社会復帰援助

退院後の社会復帰が円滑に進むように，患者の職場や学校など関係機関と連携，調整を行うとともに患者の心理的，社会的問題の解決を援助することである．

(4) 受診・受療援助

受診や受療は患者にとって心理的，社会的な影響を及ぼす．病気や治療内容に対する不安がある場合，患者や家族の心理的・社会的状況を理解し，必要な情報を収集，提供することなどにより問題解決を図ることである．

(5) 経済的問題の解決，調整援助

傷病の治療にあたっては，経済的な問題が発生することが多い．これは治療費だけでなく，仕事の休業などに伴い，日々の生活費も欠くことがあるからである．このようなときに，各種社会保険制度，公費負担医療制度や手当などについての情報提供を行うことにより，患者の抱える経済的な問題の解決を図ることである．

(6) 地域活動

現在，疾病を抱えながらもできる限り住み慣れた地域や家庭で生活することを目指すようになってきている．しかし，患者や医療機関の力だけでそれを実現することは困難である．そこで，患者のニーズに合ったサービスが地域において提供されるように，関係機関，関係職種と連携し，地域の保健医

療福祉システムづくりを行っていくことである．

第3節　医療福祉の課題

　近年，核家族化の進展や地域社会における住民の相互扶助機能低下により，医療福祉サービスを必要としながらも誰とも接点をもたずに地域で孤立しているケースが増加している．また，経済的理由から治療を中断してしまった結果，病状が悪化したケースや自暴自棄になってしまい医師の指示に従わないケースなどさまざまな援助を必要とするケースも多い．こうしたケースに対し，医療ソーシャルワーカーは積極的にかかわっていくことが求められている．そのため，自身の所属する医療機関内のみならず，地域のさまざまな関係機関と連携し，適切な医療福祉サービスを受けられるよう調整していくことが求められる．

　また，医療技術が高度化，専門化したことにより，患者や家族の心理的な問題を支援する必要性も高まってきている．疾病とその治療方法をめぐって患者や家族が悩むことは多い．親身になって患者と接し，抱えている不安や悩みを聞いてそれらを軽減していくことが医療福祉に求められている．

　現在，2025年をめどに，住まい・医療・介護・予防・生活支援が一体的に提供される地域包括ケアシステムの構築に向けた準備が進められている．保健・医療・福祉の連携が求められる中で，患者の立場に立ってその橋渡しをする役割が医療福祉には期待されている．

注
1) 中島さつき『医療ソーシャルワーク』誠信書房，1975年，p.1.

参考文献
川村匡由・室田人志編著『医療福祉論』ミネルヴァ書房，2011年
金子光一編著『新版社会福祉概論（第2版）』建帛社，2018年
小西加保留・田中千枝子編『よくわかる医療福祉』ミネルヴァ書房，2010年

第15章　社会福祉の今後の展望

第1節　社会福祉の現状

1. 社会福祉の対象の変化

　これまでの各章で学んできたように，日本では戦後から今日に至るまで，社会福祉の対象が大きく変化してきている．戦後から高度経済成長期までの社会福祉は，主として子ども・高齢者・障がい者・貧困者など，生活を送る上でサポートが必要な人や，何らかの困難を抱えた人が対象とされてきた．

　人間は無力な状態で生まれ，周囲の大人たちから手厚い養育を受けることができなければ生命を維持していくことができない．そうした子どもたちへ，社会的にどのような福祉を提供していくかを考えるものが子どもへの福祉である．また，身体や認知機能等にハンディキャップを抱える高齢者や障がい者は，日常生活を送る上で周囲からのサポートが得られなければ生活を送ることが困難となる．貧困者は，経済的な支援を得ることができなければ生活が立ち行かなくなる．

　しかし現代は，このような特定のケアを必要とする人や，困難を抱えた人々への支援だけではなく，本格的な支援が必要となることを防止する「予防的観点」が重視され，広くすべての国民が社会福祉の対象となっている．

2. 社会福祉の内容の変化

　社会福祉における支援の内容についても大きな変化をみせている．1990年代に入り，経済成長の鈍化と，本格的な少子・高齢化社会を迎え，政府は

社会福祉基礎構造改革を打ち出し，2000（平成12）年には「社会福祉の増進のための社会福祉事業法等の一部を改正する等の法律」が公布・施行された．これまでの社会福祉の対象者への保護的な施策から，サービス提供者と利用者の対等な関係性に基づき，利用者の自己決定権を尊重し自立を目指すものとなっている．

本章では，こうした日本社会の変化をふまえ社会福祉の現状を総括するとともに，その課題と今後の展望を述べていく．

第2節 社会福祉の課題

1. 少子化の進展に起因する社会福祉の課題

社会福祉の今後の展望をみていくにあたり，現代の日本社会における特徴的な現象を考えてみたい．社会福祉にかかわりのある現代の問題として，社会保障費の増大，高齢化に伴う年金や医療費の増大，地域社会の過疎化による限界集落の問題などが挙げられる．これらの問題の原因として大きな要素を占めていることの1つに少子化が挙げられる．

日本は急激に少子化が進行している．1971（昭和46）年の出生数は約200万人であった．しかし，2016（平成28）年は約98万人と半数以下に激減している．この45年間で出生数は半減し，さらに今後も少子化の傾向は続くことが予測されている[1]．さらに2025年には，いわゆる団塊の世代がすべて75歳以上となり，医療や介護の費用が一層増大することが見込まれている[2]．

子どもの数が減り，高齢者の数が増加し続けるという少子・高齢化が急速に進行している．少子化によって，これらの制度を支える生産年齢人口の減少により，社会福祉の維持自体が危機的な状況にたっている．先述のように，社会福祉の対象が広がりをみせているのに対して，その財源を支える世代の人口が減少し続けており，このことが社会福祉に関係する諸問題の根源的な

2. 地域社会の衰退による社会福祉が抱える課題

　少子化がもたらす問題は財源の面だけにとどまらない．人口構造における不均衡も社会福祉の課題に影響を及ぼす．

　今日，地方を中心に，主として若年層の三大都市圏への流入により過疎化が進行している．戦後から一貫して東京圏への人口集中が続き，名古屋圏，大阪圏へも転入超過の傾向が続いている[3]．少子化で若年人口が減少傾向にある中において，都市圏への人口流入が増加することによって，とりわけ地方の高齢化が顕著となる．地方では，地域住民の50％以上が高齢者となり，当該地域社会の運営が困難となる「限界集落」といわれる地域が増加しつつある．

　限界集落では，そこで暮らす高齢者が社会福祉のサービスや援助を必要としている際にも，これらを受けることができないケースが出てきている．また，若年層にとっても，当該地域全体の活力が低下し，魅力的な街とは映らなくなり，仕事や生活の利便性を求めて都市部へ流出することによって，さらに地域の人口が減少していくという負のスパイラルへと陥っているのである．限界集落の進行は，自治体の税収の減少による地域医療や福祉サービスの低下を量と質の双方から招く．逆にいうならば，人口置換水準が回復し，少子・高齢化問題を解消することができれば，社会福祉が直面している諸課題を緩和することができるともいえるのである．

第3節　社会福祉の今後

1. 未婚化の進行による人口減少の深化

　前節で述べたような生産年齢人口が減少し，財政の維持が困難を極める「人口オーナス」が進行しつつある中で，社会福祉の今後を展望する際は大

きく2つの選択肢が考えられる．1つは，世界的にみても短期間に，しかも最速で進行している日本の少子化の流れを食い止めることである．

少子化の進行は未婚化や晩婚化に起因しているといわれている[4]．日本では子どもは婚姻関係のある男女の間から生まれるケースが約98％を占める[5]．そして，結婚し子どもをもつことを希望する若者が数多く存在するにもかかわらず，これを実現することが困難な状況にある．近年でも結婚希望がある若者は，20代では男性70.5％，女性86.4％，30代では男性63.5％，女性73.2％といずれも多数派を占めている[6]．

しかし，経済の不安定化による個人所得の伸びの鈍化などを背景として，未婚化・晩婚化が進行している．したがって，こうした趨勢を短期間で修正することは多くの困難を伴う．今後は，こうした傾向を考慮に入れ，人口減少を前提とした社会福祉施策を設計していくことが現実的であると考えられる．

2. 人口減少を前提とした社会福祉の制度設計へ

少子化による人口の減少により，財政的側面においても人的側面においても，生産年齢人口に該当する人々がケアを必要としている人々を支えるという従来の構図を維持していくことは今後さらに難しくなってくることが予想される．

こうした事態を緩和するための今後の展望として，従来は社会福祉のケアを受ける側であった人々も，支援者として包摂していくことが求められてくるといえる．「すべての人」が対象となっている現代の社会福祉は今後，福祉の「受け手－与え手」という固定化された枠組みから，福祉の受け手であり与え手でもあるという複数の役割が個人に求められる時代になっていくであろう．

「支えられる側」のみの立場から，可能な限り「支える側」の役割も担うことで，人口減少を前提とした社会福祉の今後の展望が明るいものと感じられる未来像が描けるものと思われる．

注

1) 天野馨南子「消え行く日本の子ども――人口減少（少子化）データを読む」『研究員の眼』ニッセイ基礎研究所，2018年4月9日号.
2) 岐阜新聞社説　2018年1月13日.
3) 総務省『都市部への人口集中，大都市等の増加について』http://www.soumu.go.jp/main_content/000452793.pdf（取得日：2018年4月26日）.
4) 小倉千加子『結婚の条件』朝日新聞社，2007年，および山田昌弘『結婚の社会学』丸善ライブラリー，1996年.
5) 厚生労働省『平成25年版　厚生労働白書』2013年，p.56.
6) 明治安田生活福祉研究所「2014年　20～40代の恋愛と結婚―― 第8回結婚・出産に関する調査より」https://www.myilw.co.jp/research/report/pdf/myilw_report_2014_01-1.pdf）（取得日：2018年6月1日）.

参考文献
井村圭壯・今井慶宗編著『社会福祉の基本体系（第5版）』勁草書房，2017年
河野稠果『人口学への招待――少子・高齢化はどこまで解明されたか』中央公論新社，2007年
松田茂樹『少子化論――なぜまだ結婚，出産しやすい国にならないのか』勁草書房，2013年
山田昌弘『少子社会日本――もうひとつの格差のゆくえ』岩波書店，2007年
由井秀樹編著『少子化社会と妊娠・出産・子育て』北樹出版，2017年

執筆者一覧

第1章	小渕 高志(おぶち たかし)	東北文化学園大学
第2章	大瀬戸 美紀(おおせと みき)	東北生活文化大学短期大学部
第3章	井村 圭壯(いむら けいそう)	岡山県立大学
第4章1, 2節	今井 慶宗(いまい よしむね)	関西女子短期大学
第4章3節	名定 慎也(なさだ しんや)	中国短期大学
第5章	長谷川 洋昭(はせがわ ひろあき)	田園調布学園大学
第6章	曽根 章友(そね あきとも)	東北文教大学短期大学部
第7章	渡邊 慶一(わたなべ けいいち)	京都文教短期大学
第8章	坂本 真一(さかもと しんいち)	桜の聖母短期大学
第9章	新沼 英明(にいぬま ひであき)	名古屋短期大学
第10章	小宅 理沙(こやけ りさ)	同志社女子大学
第11章	若倉 健一(わかくら けんいち)	社会福祉法人恵友会
第12章	森合 真昭(もりあい まさあき)	夙川学院短期大学
第13章	角田 雅昭(かくた まさあき)	相模女子大学
第14章	鎌田 綱(かまだ こう)	四国医療福祉専門学校
第15章	浅沼 裕治(あさぬま ゆうじ)	中京学院大学短期大学部

編著者紹介

井村圭壯（いむら・けいそう）
1955 年生まれ
現　在　岡山県立大学教授．博士(社会福祉学)
主　書　『戦前期石井記念愛染園に関する研究』（西日本法規出版，2004 年）
　　　　『日本の養老院史』（学文社，2005 年）
　　　　『日本の社会事業施設史』（学文社，2015 年）
　　　　『社会事業施設団体の形成史』（学文社，2015 年）

今井慶宗（いまい・よしむね）
1971 年生まれ
現　在　関西女子短期大学講師
主　書　『社会福祉の制度と課題』（共著，学文社，2015 年）
　　　　『社会福祉の基本と課題』（共著，勁草書房，2015 年）
　　　　『社会福祉の基本体系』（第 5 版）（編著，勁草書房，2017 年）
　　　　『保育実践と児童家庭福祉論』（編著，勁草書房，2017 年）

福祉の基本体系シリーズ⑩

社会福祉の形成と展開

2019 年 1 月 20 日　第 1 版第 1 刷発行

編著者　井村圭壯
　　　　今井慶宗

発行者　井村寿人

発行所　株式会社　勁草書房

112-0005　東京都文京区水道 2-1-1　振替　00150-2-175253
電話（編集）03-3815-5277／FAX 03-3814-6968
電話（営業）03-3814-6861／FAX 03-3814-6854
港北出版印刷・中永製本

Ⓒ IMURA Keisou, IMAI Yoshimune 2018

ISBN978-4-326-70109-4　Printed in Japan

JCOPY ＜(社)出版者著作権管理機構　委託出版物＞
本書の無断複写は著作権法上での例外を除き禁じられています。
複写される場合は，そのつど事前に，(社)出版者著作権管理機構
（電話 03-3513-6969，FAX 03-3513-6979，e-mail : info@jcopy.or.jp）
の許諾を得てください。

＊落丁本・乱丁本はお取替いたします。
http://www.keisoshobo.co.jp

井村圭壯・相澤譲治編著（福祉の基本体系シリーズ①）
社 会 福 祉 の 基 本 体 系 第5版　　2,000円
70097-4

井村圭壯・相澤譲治編著（福祉の基本体系シリーズ②）
福 祉 制 度 改 革 の 基 本 体 系　　2,000円
60144-8

井村圭壯・相澤譲治編著（福祉の基本体系シリーズ③）
高 齢 者 福 祉 の 基 本 体 系　　品切
60170-7

井村圭壯・相澤譲治編著（福祉の基本体系シリーズ④）
総 合 福 祉 の 基 本 体 系 第2版　　2,400円
70076-9

井村圭壯・藤原正範編著（福祉の基本体系シリーズ⑥）
日 本 社 会 福 祉 史　　2,400円
60197-4

井村圭壯・谷川和昭編著（福祉の基本体系シリーズ⑦）
社 会 福 祉 援 助 の 基 本 体 系　　2,400円
60199-8

井村圭壯・相澤譲治編著（福祉の基本体系シリーズ⑧）
社 会 福 祉 の 理 論 と 制 度　　2,400円
70065-3

井村圭壯・相澤譲治編著（福祉の基本体系シリーズ⑨）
児 童 家 庭 福 祉 の 理 論 と 制 度　　2,400円
70071-4

―――――――――――――――――勁草書房刊

＊表示価格は2019年1月現在．消費税は含まれておりません．